가족도 치료가 필요한가요?

가족도 치료가 필요한가요?

김유숙 지음

지식프레임

프롤로그

Prologue

나는 어릴 때부터 다른 사람들의 삶에 관심이 많았다. 그건 바쁜 와중에도 여러 아이를 키워야 했던 부모님의 삶과 관계가 있다.

아버지는 유학 시절 접하게 된 펜싱을 국내에 보급하는 일에 일생을 바쳤다. 따라서 가정생활과 자녀 양육은 대부분 의사인 어머니의 몫이었다. 일상이 바빴던 어머니는 자녀들에게 세심한 신경을 쓰기가 어려웠고, 우리 형제자매들은 자연스럽게 (좋은 의미에서의) 방목으로 키워졌다.

형제 순위가 한가운데였던 나는 밖에서 많은 친구를 사귐으로써 집에서 상대적으로 주목받지 못한 것을 보상받았다. 보육원이나 산 꼭대기 움막에 사는 친구부터 동네에서 소문난 부잣집 딸까지 교제의 폭이 컸다.

상담자가 되기 전까지 나는 불리한 형제 순위 '때문에' 차분하게 집에 있지 못하고 밖으로 겉돌았다고 생각해 왔다. 지금 생각해 보니 '그 덕분에' 다양한 사람들을 만날 수 있었고, 현재까지 사람의 심리를 다루는 일을 하고 있다고 생각한다. 어릴 때 친구 집을 드나들면서 우리 집에서는 볼 수 없었던 다양한 삶의 모습에 때로는 의아해했던 것이 내게는 큰 자산이 되었다.

나는 학부에서 상담을 배운 뒤 대학원에서 임상 심리를 전공했다. 그리고 박사과정 도중에 '가족 치료'라는 새로운 접근 방법을 알게 되었다. 석·박사과정에서 만난 내담자의 대부분은 '남편을 믿을 수 없어요', '아빠가 너무 싫어요', '친구들이 나를 따돌려요'와 같은 관계의 어려움에 대해 호소했다. 그 당시 나는 내담자의 문제를 개인의 문제로 인식하고 그들의 내면을 이해함으로써 문제를 해결하려고 애썼으나 내담자와의 면담, 심리검사 등을 하면 할수록 한 개인에게만 문제의 초점을 맞추는 방식에 대해 의구심을 갖게 되었다. 당시 수련 중이던 나에게 가족 치료는 이런 의구심을 해결해 준 마법 같은 접근법이었다.

수련 과정을 끝내고 정식으로 가족 상담자가 된 이후, 지금까지 나는 35년간 가족 관계에 어려움이 있다고 호소하는 수많은 내담자를 만났다. 그리고 가족이라는 운명 공동체로 서로에게 매여 있는 사람들은 누구나 크고 작은 문제들을 가지고 있음을 목격했다. 가족은 서로의 약점을 누구보다 잘 알고 있기에 사소한 일로도 상처를 주고받는다. 그런데 더 큰 문제는 밖에서 받은 상처까지 가정으로 가지고 온다는 것이다. 이처럼 가까이서 서로 상처를 주고받는 것이 가족이 가진 속성일지도 모르겠다.

가족 관계를 다룬 기존의 도서들 또한 이렇게 서로 상처를 주고받는 가족의 특성에 대해 자세히 설명하고 있다. 그럼에도 불구하고 내가 가족에 관한 이야기를 쓰겠다고 결심한 것은 '상처받은 가족의 화해'라는 주제 때문이었다. 무너지는 가족의 사례는 많이 들을 수 있지만, 정작 무너진 가족을 어떻게 회복시켜야 하는지에 대한 이야기는 듣기 힘들다. 그래서 나는 이 책을 통해 상처가 아물고 회복되는 가족들의 이야기를 들려주고 싶었다.

내 상담 경험에 비추어보면 사과에 인색하지 않았던 가족들은 상처가 아물고 회복되는 속도가 그렇지 않은 경우에 비해 더 빨랐다. 바라건대 이 책을 통해 독자들이 제대로 사과하고 바르게 화해하는 방법의 중요성에 대해 생각해 보았으면 좋겠다.

나는 상담실의 이야기를 밖으로 가져오는 것을 좋아하지 않는다. 그래서 상담자와의 신뢰 관계에서 나를 믿고 내보인 상담 이야기를 외부에 널리 공유하는 부분에 대해 오래 고민했다. 그러나 서로의 잘못을 인정하고 제대로 사과하는 방법을 알게 되면 고통받는 가족들이 훨씬 줄어들 것이라는 믿음이 나를 움직였다. 이런 생각으로 조심스럽게 상담실의 이야기를 풀어내기로 결심했다.

이 책에 등장하는 사례들은 비슷한 유형의 어려움을 묶어서 새로운 이야기로 재구성한 것이다. 오랜 시간 다양한 가족들을 만나면서 비슷한 어려움을 상담했기에 가능했던 일이 아닐까 생각한다. 물론 등장하는 사람의 이름, 배경 등 내담자의 신상이 노출되지 않도록 각별히 신경 썼다. 또한 최근의 사례들은 내담자의 동의를 얻고 수록하기도 했다.

그동안 내가 만난 내담자들이 없었다면 쓸 수 없는 이야기이기 때문에 나와 시간을 함께한 내담자들에게 이 책을 바치고 싶다. 또한 지식프레임의 김명희 선생님의 좋은 기획 덕에 이 책이 나올 수 있었다. 학술서가 아닌 상담자로서의 개인적 경험을 바탕으로 글을 쓰기는 처음이라 집필을 망설이는 나를 설득해 준 덕분에 독자들과 만나게 된 것에 감사한다. 편집 과정에서 세심한 작업을 해준 박민진 선생님에게도 감사를 드린다.

Contents

상처받은 관계를 회복하기 위한 가족 심리 테라피

Part 1
가족이라는 만화경

family

therapy

상담을 하는 동안 가족들은
때로 대립하거나 갈등하기도 한다.
그러나 이 모든 과정이 보다 나은
가족의 모양을 찾아가기 위한
작업이라고 생각하면 한결 여유가 생긴다.
그래서 오늘도 즐거운 마음으로 기꺼이
그 과정에 동참한다.

'만화경'이라는 놀잇감이 있다. 유리 거울을 이용해 다양한 색채 무늬를 볼 수 있도록 고안된 것으로, 돌릴 때마다 통 안의 조각들이 변화하며 갖가지 모양을 만들어낸다. 상담자로서의 내 역할은 나를 찾은 가족들에게 이 만화경을 선물하는 일과 비슷하다. 가족 모두에게 그들이 가장 편안하고 아름답다고 여겨지는 모양을 찾도록 돕는 것이다.

한 50대 여성이 25년간의 결혼 생활 내내 외도를 반복하면서도 사과하지 않는 남편과 더는 함께 살 수 없을 것 같다고 분노했다. 착실하다고 철석같이 믿었던 아들이 다른 아이들을 괴롭히고 금품을 갈취했다는 학교의 연락을 받은 뒤 참담함을 감추지 못한 부모도 있었다. 아직 마음의 준비가 되지 않았는데 너무 급하게 다가오는 시부모에게 당혹감을 느낀 신혼 여성은 이 과정에서 아무런 역할을 하지 못하는 남편에게 실망한 나머지 결혼 생활을 계속해야 할지 고민하고 있었다. 모두가 어느 하루 동안 상담실로 나를 찾아온 사람들의 이야기다. 심각한 문제를 가진 가족들처럼 보이는가? 하지만 한편으로는 우리 주변에서 너무 쉽게 들을 수 있는 이야기이기도 하다.

가족 상담 전문가인 나는 지금까지 수없이 다양한 가족들을 만나왔다. 상담자로서 첫발을 내딛기 시작했던 35년 전을 돌이켜보면 가족을 바라보는 나의 태도는 지금과 많이 달랐다. 그 시절의 나는 나에게 도움을 원하는 가족들의 문제가 무엇이며, 어떤 것 때문에 어려움을 겪는지를 열심히 고민했다. 문제를 명확히 이해해야 그 가족에게 도움이 될 것이라고 믿었기 때문이다. 그런데 내가 가진 지식의 틀에서 '이 가족의 문제가 이것이구나!'라고 생각하는 순간, 문제는 다른 형태로 고개를 내밀었다. 가족도, 가족이 보이는 문제도 모두가 각양각색이라는 사실을 애써 외면했던 그 시절, 상담자로서 문제를 겪는 가족을 만나는 일은 언제나 긴장의 연속이었다.

그때와 달리 지금은 어려움을 가진 가족을 만나러 상담실에 들어설 때마다 마음이 설렌다. 오늘 만나는 가족은 만화경처럼 각자 어떤 조각으로 어떤 모양을 만들고 있을지, 또 우리가 함께 작업하는 동안 얼마나 다양한 모양을 만들어낼 수 있을지 기대되기 때문이다.

상담을 하는 동안 가족들은 때로 대립하거나 갈등하기도 한다. 그러나 이 모든 과정이 보다 나은 가족의 모양을 찾아가기 위한 작업이라고 생각하면 한결 여유가 생긴다. 그래서 오늘도 즐거운 마음으로 기꺼이 그 과정에 동참한다.

어느 가족이나
위기는 있다

많은 가족들은 가정의 위기를 대처하는 과정에서
성장할 수 있다는 사실을 잊는다.

―――――

　종류나 강도는 다를지 몰라도 실패나 위기를 경험하지 않는 가족은 거의 없다. 그리고 대부분은 가족의 위기를 자기 삶의 한 부분으로 받아들이면서 자연스럽게 원래 상태로 되돌아가기 위한 대처 능력을 발휘하는 경우가 많다. 마치 세균이나 바이러스가 몸에 들어오거나 외부의 물리적인 위험에 처하면 신체가 무의식적으로 방어 기제를 사용하는 것과 같다.

　반면 상담실을 방문하는 가족들은 대부분 당면한 문제를 해결할 수 있는 힘을 상실하여 무기력해진 경우가 많다. 살아가면서 상처받기 쉬운 영역이 건드려졌거나, 어떤 문제가 지속되거나, 혹은 몇 가지 문제가 동시에 맞부딪치면서 스스로의 치유력을 상실한 경우다. 이들은 지금까지 사용했던 전략으로는 이 문제를 이겨내기 어렵다고 느끼면서 허둥댄다. 그러고는 어떤 한 가지 해결 방법에 지나치게 집착하거나 문제 자체를 외면해 버리기도 한다.

이런 가족을 만난다고 해도 나는 굳이 조급해하지 않는다. 위기에 대한 이해와 대처 방법은 가족마다 다르지만, 그들 스스로 한 걸음 떨어져 볼 수 있는 여유가 생기면 자신들이 가진 특유의 회복력으로 문제를 해결해 나간다는 믿음이 있기 때문이다. "내가 변화시킬 수 없는 것들은 그대로 받아들일 수 있는 평온함을 주시고, 내가 변화시킬 수 있는 것들은 변화시킬 수 있는 용기를 주옵소서. 무엇보다 이 둘의 차이를 헤아려 아는 지혜를 주소서."라는 니버(R. Niebuhr)의 기도문처럼 개인이 경험하는 위기나 상실은 필연적인 것이며, 이는 일종의 예방 접종이라고 생각하면 좋을 것 같다.

가족 상담 수업을 듣던 교육 대학원생 미나 씨가 내게 상담을 요청했다. 교수와 학생이라는 이중 관계 때문에 상담이 아닌 학생 면담의 형태로 몇 번의 만남을 가졌다.

나는 미나 씨의 이야기를 듣고 그녀에게 '자신의 삶을 스스로 디자인해 온 사람'이라는 이름을 붙여주었다. 그녀는 눈 깜짝할 사이에 곤두박질치는 롤러코스터처럼 위기라고 불리는 사건들에 의해 여러 번 피폐해졌지만, 그때마다 주저앉지 않고 엄청난 탄성으로 반등하는 삶을 살고 있었다. 이런 미나 씨를 보면서 나 자신은 물론 내가 만나는 내담자들에게도 우리에게는 아직 스스로 치유할 수 있는 에너지가 많이 남아 있다고 말할 수 있게 되었다.

미나 씨는 인정받는 초등학교 교사이다. 교장 선생님을 비롯해 근무하는 학교의 동료뿐 아니라 학생들과 부모들에게도 실력과 인성 모두 많은 신뢰를 받고 있었다. 미나 씨 자신도 스스로에 대해 '긍정적인 마음가짐 덕분에 나노 단위로 사람을 칭찬해 줄 수 있는 능력이 있다'고 말했다. 주위 사람들로부터 많이 받는 피드백 중 하나는 '함께 있으면 저절로 기분이 좋아져요'라는 것이었다.

그런데 사람들이 자신의 이런 긍정적이고 따뜻한 성격은 유복한 어린 시절을 보냈기 때문에 형성되었을 것이라고 말할 때마다 평온했던 마음이 조금씩 흔들리기 시작한다는 것이다. 그동안 나름대로 터득해 온 방법으로 마음을 다독이면서 곧 안정을 되찾았지만, 이럴 때마다 '내가 너무 위선적인가, 아니면 문제를 잘 극복한 것인가'를 다시 고민하게 된다고 했다.

미나 씨는 나와의 대화를 통해 아직 자신을 다독이고 돌봐야 하는 부분이 더 남아 있는지 알고 싶어 했다.

미나 씨가 살아온 28년의 삶은 순탄치 않았다. 초등학교 3학년이었던 어느 추운 겨울날, 교사였던 아버지가 교통사고로 돌아가셨다.

그 충격으로 쓰러진 어머니는 병원에 입원했고 퇴원 후에도 실어증에 시달렸다. 어머니가 입원할 당시 아이들을 돌봐줄 마땅한 친인척이 없어 공적 기관에서는 미나 씨 남매를 각각의 시설로 보내려고 했는데, 미나 씨가 동생과 떨어지기 싫다며 거절했다.

이듬해 어머니가 퇴원하여 다시 모인 가족은 몇 년 동안 한 부모 가족을 위한 시설에서 지냈다. 시설에 적응하지 못하고 힘들어하는 동생을 달래가며 미나 씨는 그곳에서 제공하는 다양한 프로그램에 적극적으로 참여했다. 그때 배운 피아노와 미술은 교사가 된 지금 많은 도움이 되고 있다. 남동생 역시 그때 태권도장에 열심히 다닌 덕분에 현재 경호 업체에서 근무 중이다.

미나 씨 가족은 그 후 자립을 했지만, 어머니는 심한 우울증으로 고생하다가 미나 씨가 고등학생 때 스스로 목숨을 끊었다. 어머니의 죽음을 슬퍼할 겨를도 없이 미나 씨는 세상에 단둘이 되어버린 동생과 어떻게 지내야 할지를 고민해야 했다. 다행히 힘든 환경에서도 좌절하지 않고 열심히 살았던 남매는 후원자들의 도움으로 대학까지 마칠 수 있었다. 미나 씨는 그동안 열심히 살았던 이유가 부모님은 물론 자신들에게 물심양면으로 도움을 주셨던 분들을 위해서라고 말했다.

미나 씨에게 '자신이 얼마나 힘든 어린 시절을 겪어왔는지 모르는 사람들이 고생을 모를 것 같다는 피드백을 할 때 어떤 마음이면 좋겠냐'고 묻자, 잠시 침묵하던 미나 씨는 "그동안 그런 말에 약해지면 안 된다고 생각했는데 고생한 건 사실이니까, 마음이 불편해지는 게 당연한 것이네요."라고 답했다.

사실 나는 미나 씨의 이야기를 들으면서 힘든 경험을 하고 있는 어린 미나의 이야기를 편안한 마음으로 들을 수 있는 사람이 몇 명이나 될까 상상해 보았다. 그리고 당사자인 미나 씨가 힘들었던 어린 시절을 떠올리면서 감정적이 되는 것은 매우 자연스러운 일이라고 생각했다. 난 주위 사람들이 미나 씨가 그런 감정에 주저앉지 않고 오히려 그것을 헤쳐나가려는 노력에 감동을 받아 돕고 싶다는 마음을 가지게 했다고 보았다. 그렇다면 그들이 도운 것이 아니라, 어린 미나가 그들로 하여금 미나 씨 자신을 돕도록 만들었던 것이다. 나는 미나 씨와 만나면서 이런 나의 생각을 나눴다. 미나 씨는 나와의 면담을 통해 도움을 준 주위 사람들을 위해서 사는 삶도 의미가 있지만, 자신을 위한 삶을 통해 얻은 풍요로움이 또 다른 누군가를 돕는 형태로 재생산될 수 있다는 점을 알게 된 것이 큰 수확이었다고 말했다.

가정생활을 이어가면서 어떤 위기감과 두려움을 느낄 때 그것을 무시하거나 굴복하지 않고 해결할 수 있는 도전이라고 생각한다면 심리적 안녕을 가질 수 있다. 설령 그 도전이 실패한다고 해도 실패를 인정한 뒤 그것에서 교훈을 얻고 과거의 문제를 되풀이하지 않겠다고 다짐하는 일이 더 중요한 이유다.

그런데 안타깝게도 현재를 살고 있는 많은 가족들은 가정의 위기를 대처하는 과정에서 성장할 수 있다는 사실을 잊은 채, 위기를 직면하지 않으려 한다. 가족 만화경으로 이야기를 이어간다면 갈등, 긴장, 사과 같은 것들이 두려워 새로운 문양을 찾는 도전을 서둘러 포기하는 것이다. 미나 씨의 삶이 빛나는 이유는 위기에 속절없이 무너진 어머니의 삶을 통해 생명의 소중함, 삶에 대한 경외심을 키워왔다는 점이다.

상담에 온 가족들은 대부분 자신이 겪고 있는 어려움이 무엇이며, 그 어려움에 자신이 얼마나 지쳐 있는지를 열심히 말한 뒤 상담자가 문제를 해결할 수 있는 '쉽고 이상적인 방법'을 알려주기를 기대한다. 때로 자신들이 듣고 싶어 하는 대답이 나오지 않는 경우에는 실망하고 상담자의 능력을 폄하하기도 한다. 하지만 냉정히 생각해 보면 한 시간 남짓의 짧은 이야기를 듣고 완벽한 처방전을 내놓을 수 있는 상담자는 거의 없을 것이다.

만화경 안의 조각들이 어떤 모양인지를 가장 잘 알고 있는 사람은 상담자 앞에서 어려움을 호소하는 당사자인 가족들이다. 상담자가 할 수 있는 것은 가족들이 여러 조각으로 다양한 문양을 만들어 볼 수 있다는 용기를 북돋아주어 스스로 위기를 극복하게 하는 것이다. 현재 보이는 문양이 변할 수 있다고 생각한다면 어떤 문양이 자신들에게 꼭 맞는 모습인지를 가족만큼 잘 아는 사람도 없다.

개인으로서의 나,
가족원으로서의 우리

가정을 이룬다는 것은 남녀라는 각자의 원을 둘러싼
보다 큰 '우리'라는 원을 만들어내는 과정이다.

———————

분석심리학파의 부부 치료가인 모겐슨(G. Mogenson)은 개성화 과정은 개인과 전체의 통합이라고 주장하면서 때로는 한 개인으로, 어느 순간에는 우리라는 것이 잘 어울리는 결혼 생활을 강조하였다. 이런 관점에서 가정생활을 생각해 보면 개인은 가정 안에서 독특한 개체로 성장하면서 동시에 가족과 가족이 가진 여러 가능성을 통합하여 새로운 우리의 것을 완성시키려는 자세가 중요하다.

이렇게 본다면 결혼은 행복으로 이어지는 여정이 아니라 수행의 길인 셈이다. 결혼은 처음부터 조화로울 수 없는 배우자와 내가 함께 살면서 사랑과 거절이 수없이 반복되고, 그것들이 부딪치며 성장하는 관계이기 때문이다.

모겐슨의 말처럼 결혼 관계에서는 '개인으로서의 나'와 '가족원으로서의 우리'가 부딪치면서 그것을 통해 사람들과 어떻게 관계를 맺어야 하는지 끊임없이 배우게 된다. 그리고 이런 과정을 통해 나는 어떤 사람인가를 알아가게 되는데, 이때 갈등도 동반된다.

사실 선과 악, 아름다움과 추함 등이 포함된 자신의 속마음과 대면하는 것은 결코 유쾌한 경험이 아니다. 그래서 이 같은 갈등을 피하고 찰나의 행복을 추구하는 것에 몰두하는 사람도 있다. 그러나 그런 남녀 관계에서는 참된 만족감을 얻을 수 없다.

결혼한 지 일 년도 되지 않은 부부가 결혼 생활의 지속 여부를 결정하기 위해 전문가의 의견을 듣고 싶다고 상담실을 찾아왔다. 남자와 여자는 모두 힘든 어린 시절을 극복하고 현재 전문직에 종사하는 성공한 30대였다. 두 사람은 어려운 가정 형편 때문에 어릴 때부터 물리적, 정신적으로 결핍되어 있었으나 이에 굴하지 않고 공부는 물론 뭐든지 열심히 했다는 공통점이 있었다.

여자는 다른 사람 앞에서 자신의 힘듦을 내색해 본 적이 없었고, 혹시라도 관계가 불편해지면 그 사람을 즉시 자신의 영역에서 밀어내면서 살았다. 위험에 노출되지 않기 위해 주위에 사람이 없는 것 정도는 감수한 것이다. 그런데 자신의 영역에서 밀어낼 수 없는 사람을 만났다. 자신과 비슷한 삶을 살아온 남자는 자신의 과거에 항상 당당했다.

여자는 어릴 적에 싸우는 부모의 모습을 볼 때마다 결혼하지 않을 것을 다짐했었다. 그러나 남자와 결혼한 후에는 따뜻하고 안정된 가정을 만들기 위해 그동안 혼자여서 누릴 수 있었던 많은 것들을 포기했다. 결혼한 지 반년도 되지 않았는데, 남자에게 '몇 시에 집에 들어올 건지'를 묻고, '이번 주말에는 제발 함께 있자'고 애원했다. 남자는 그런 자신을 부담스러워하면서 '넌 취미 생활도 안 하느냐'고 되물었다. 때로는 남자가 한심한 눈빛으로 자신을 쳐다보면서 난감해하는 것 같았다.

문득 이렇게 남자에게 매달리는 것은 자신이 결코 원하는 삶이 아니었다는 생각이 들었다. 막무가내인 아버지에게 아무 말도 못 하는 무기력한 엄마의 삶을 반복하고 싶지 않아서 그 많은 시간을 악착같이 살았는데, 남편에게 사랑을 구걸하고 있는 자신의 모습이 너무 초라해 보였다. 그리고 이내 억울한 마음이 들기 시작했다. 이후 남자에게 원하는 게 있을 때는 강하게 요구하고, 뜻대로 되지 않으면 '그것도 못 해줘?'라고 화를 냈다. 때로는 '그렇게까지 하려면 우린 헤어져야 해'라는 극단적인 말로 남자의 감정을 건드렸다.

남자는 어린 시절 부모의 이혼을 겪고 혼자 힘으로 지금의 위치에 올랐다. 어느 정도 안정이 되자 그게 모두 자신들의 덕분이라고 생색을 내면서 의존하려는 부모가 버거워서 멀리했다. 그리고 그 자리를 피상적인 관계의 사람으로 채웠다. 그들은 필요 이상으로 다가오거나 질척거리지 않아서 좋았다. 남자에게 여자는 그런 사람 중 한 명이었다.

그런데 독립적이라고 생각한 여자가 자신에게 자꾸 뭔가를 요구하면서 의존적인 모습을 보일 때마다 화가 났다. 때로는 아무것도 준 것 없이 요구만 하는 부모의 모습이 겹쳐 보이기도 했다. 갈등의 골이 깊어져가는 걸 느꼈지만 여자에게 조금이라도 틈을 보이면 그 속을 헤집고 들어올 것 같아 애써 모른 척했다. 때로는 결혼 전과 달리 자신의 삶을 즐기지 않는 여자를 탓하기도 했다.

여자는 싸움이 잦아지자 남자가 양보해 주기를 기대하면서도 냉전이 싫어서 허둥대며 사과했다. 입으로는 "나도 노력할게."라고 말하며 화해를 요청했지만, 마음속으로는 '내가 10을 요구했는데 네가 못 해준다고 했어. 난 3, 4는 필요 없으니까 그냥 0으로 포기해 버릴게'라고 외쳤다.

결혼 당시에는 남자가 큰 잘못만 저지르지 않으면 용서하고 감싸 줄 정도의 사랑은 있었다. 그런데 둘의 관계가 이런 식으로 반복되면서 사소한 것도 이해하거나 용서하고 싶지 않았다. 여자는 나도 이기적이어서 내 생활을 지키는 편이었는데, 너무 많은 걸 남자에게 내주었다고 생각하자 억울해졌다. '나는 열정을 바쳐서 잘하고 싶었으나 남자가 안 따라와주고 나를 불편하게 여기니까 이제는 남자를 내 영역 안에서 빼려고 한다.' 이것이 여자와 남자가 상담에 오기까지의 과정이었다.

나는 지금까지 이들을 '남편과 아내'라는 단어 대신 '남자와 여자'로 지칭했다. 그것은 이들이 보낸 일 년간의 결혼 생활에서 각자 자기 자신만 내세웠을 뿐 부부로서의 울타리를 만들려는 노력이 보이지 않았기 때문이다.

가정을 이룬다는 것은 남녀라는 각자의 원을 둘러싼 보다 큰 '우리'라는 원을 만들어내는 과정이다. 친인척의 관계를 중요하게 여기고 결혼과 동시에 자녀를 가졌던 부모 세대는 남녀라는 원을 아우르는 큰 원을 만들기가 쉬웠다. 그러나 이 시대는 두 남녀가 서로 마주 보고 끊임없이 상호 작용하면서 스스로 자신들의 원을 포함하는 보다 큰 원을 만들어가야 한다.

가끔 '이제 부부가 되었으니 한 몸이 되어⋯.'라는 주례사를 들으면 마음이 불편해진다. 물론 결혼 생활 중 두 개의 원이 충돌하면서 각자 상대방이 자기의 원 안으로 들어와서 하나가 되어야 한다고 주장할 때도 있다. 그러나 두 개의 원은 어느 것이 다른 것에 속해야 하는 것은 결코 아니다. 나는 두 개의 다른 원이 서로를 인정하면서 그것을 감싸는 보다 큰 원을 만드는 데에서 가정이 시작된다고 믿는다. '세월이 지나면 부부가 서로 닮아간다'는 말이 있듯 서로 노력하며 때를 기다리다 보면 자연스럽게 두 원이 겹쳐지는 부분이 늘어가게 될 것이다.

자유로울 수 없는
원가족의 굴레

자신의 원가족에게 상처를 입은 사람들은
현재의 가족에게 정서적으로 밀착하면서 심리적 안정을 찾으려 한다.

———

상담실에서 만난 대부분의 성인들은 자신의 문제로 왔든, 자녀의 문제로 왔든 상관없이 어느 시점이 되면 상처받은 어린 시절을 이야기하고 싶어 한다. 그리고 그 시절의 환경이 풍요로웠는지, 열악했는지와 관계없이 성인이 된 지금도 해결하지 못한 어린 시절의 상처가 있으며, 그것이 현재의 생활에도 영향을 미치고 있다고 호소한다.

미국의 정신과 의사인 보웬(M. Bowen)은 '정서는 개별성과 연합성이라는 두 개의 요소가 상호 작용하며 균형을 이루는 것이 이상적'이라고 주장했다. 그러나 가정생활은 다른 인간관계와 달리 처음부터 균형이나 동등함을 찾아보기가 어렵다. 즉 가정생활을 영위한다는 것은 정서의 연합성에는 불균형이 일어날 개연성이 높으며, 그 결과 가족들은 정서적으로 뒤엉킨 미분화의 상태가 되기 쉽다는 것을 암시한다.

보웬은 가족 상담을 '가족이라는 거미줄에 갇혀서 옴짝달싹 못하는 한 개인을 떼어내는' 작업이라고 했다. 실제로 상담 현장에서 만나는 가족들의 어려움은 대부분 결혼 전 부모와 함께 살았던 원가족에서 제대로 분화되지 못한 채 결혼 생활을 시작하는 데에서 비롯되는 경우가 많다. 그로 인한 문제는 함께 사는 가족에게 영향을 주면서 그대로 대물림된다.

가벼운 예로 막내 여동생에게 부모의 사랑을 빼앗겼다고 생각하면서 자란 둘째 딸인 어머니는 자신도 모르게 막내딸을 엄하게 대할 수 있다. 반대로 장남으로 태어나 많은 책임을 짊어졌던 것이 버거웠다고 생각해 온 아버지는 자신의 장남에게는 지나치게 관대하여 제대로 된 책임감을 심어주지 못하는 경우도 있다.

물론 모든 부모가 자신의 형제 순위를 생각하면서 아이들을 다르게 대하지는 않는다. 오히려 그 자녀의 기질적 특성 때문에 그 같은 양육 태도를 취했다고 말하기도 한다. 그러나 상담 과정에서 여유를 갖고 이 문제를 되돌아보면 여전히 이전 세대의 영향에서 벗어나지 못한 채 자신이 가진 문제를 자녀에게 전달하고 있다는 것을 깨닫게 된다.

원가족 문제를 충분히 해결하지 못한 채 그 문제에 계속 매달려 있으면 이는 자신의 배우자나 자녀들과의 관계에 걸림돌로 작용할 수 있다. 원가족이 미친 영향 때문에 현재 가족과의 관계에서 분노가 생기기도 하며, 때로는 이 부분을 지나치게 의식하여 현재 생활로 인해 생긴 분노의 감정을 제대로 표현하지 못하는 경우도 있다.

초등학교 3학년인 아들이 학교에서 문제를 일으켜 상담실에 온 현희 씨는 상담 과정을 통해 자신의 결혼 동기를 다시 한번 들여다 볼 수 있었다. 그녀는 남편과 다툴 때마다 "당신이 좋아서 대학도 포기하고 결혼했는데….."라는 말을 달고 살았는데, 상담을 하면서 남편 때문이 아니라 가족으로부터 탈출하기 위해 결혼을 선택했다는 것을 깨달았다. 그동안은 남편과 죽고 못 살 것 같아서 결혼했다고 생각했는데, 냉정히 돌이켜보니 자신이 친정 식구들로부터 벗어나 새로운 삶을 살고 싶다는 열망이 넘칠 때 그 옆에 있었던 사람이 지금의 남편이었던 것이다.

현희 씨 부모는 부부 싸움이 잦아 집안 분위기가 언제나 살얼음판이었다. 그나마 가정 폭력이 없었던 것은 오빠의 공이 컸다. 어릴 때부터 부모가 싸우면 오빠는 자신의 몸을 던져서 아버지의 폭력이 더 확대되지 않도록 막아냈다. 당연히 어머니는 믿음직스러운 오빠만 바라봤고, 현희 씨에게는 무관심했다. 사랑에 굶주린 현희 씨는 철이 들면서부터 하루 빨리 이 집에서 벗어나고 싶다는 생각뿐이었다.

현희 씨는 서울에 있는 대학에 진학하고 싶었지만 부모님의 반대로 고향인 중소 도시의 대학에 진학했다. 대학에 입학하면서 졸업 후에는 반드시 서울에 가서 직장 생활을 하겠다고 결심했지만, 목표가 분명해질수록 '지방 대학 출신이 과연 서울에서 취직할 수 있을까?'라는 조바심이 생겼다.

그때 서울에서 온 같은 과 선배를 알게 되었다. 주사가 심한 아버지나 투박한 오빠와 달리 선배는 세련되고 예의 바른 사람이었다. 내가 뭘 원하는지 말하지 않아도 척척 알아서 해줬다. 이 사람이라면 나를 숨 막히는 집, 무료한 소도시에서 벗어나게 해줄 수 있을 것 같았다. 무엇보다 부모님에게 받지 못한 사랑을 채워줄 수 있을 것 같다는 생각에 남편이 졸업하던 해, 현희 씨는 대학을 중퇴하고 결혼했다.

서울에서 시작한 신혼은 어려움도 많았지만 친정으로부터 멀리 떨어졌다는 것 하나로도 만족감이 컸다. 그러나 결혼 2년 차가 되면서부터 남편에게 점점 불만이 생겼다. 남편이 자신을 살갑게 챙겨준다는 걸 알면서도 항상 뭔가 채워지지 않는 느낌이었다. 그럴 때마다 현희 씨는 남편이 변했다고 생각하면서 그의 애정을 확인하려고 했고, 이로 인한 갈등도 많았다.

남편은 '내가 냉정히 생각해도 평균 이상이라고 생각하는데 항상 불만인 아내를 이해하기 어려웠다'고 호소했다. 뭘 해도 아내를 만족시킬 수 없다고 생각한 남편은 회사 일을 핑계로 점점 집에 늦게 오기 시작했다.

현희 씨가 남편마저 나를 배신했다고 생각하면서 결혼 생활에 불안을 느낄 무렵 아들이 태어났다. 아들을 돌보고 있으면 친정에 대한 서운함, 남편이 가정에 소홀하다는 불만은 거의 생각나지 않았다. 현희 씨가 공을 들인 덕분에 아이는 모든 것을 만족시키는 자랑스러운 아들로 자랐다. 아들이 부모로부터의 상처나 남편에게 받은 실망감을 잊게 해줄 수 있는 유일한 통로였던 셈이다. 그런 아들이 학교에서 문제를 일으킨 것이다.

현희 씨가 부모로부터 충족되지 못한 사랑을 남편이 채워줄 것이라는 기대를 가지를 가지고 결혼 생활을 시작했기에, 남편은 부부의 사랑과 부모의 사랑이라는 두 배의 무게로 아내에게 다가가야 했다. 남편의 말대로 평균적인 남편의 역할로는 현희 씨를 만족시킬 수 없었을 것이다. 이렇게 부부 관계에 금이 가면서 충족되지 못한 현희 씨의 결핍된 욕구는 그대로 아들에게 옮겨졌다.

사실 상담자의 입장에서 보면 이 가정의 아이가 문제를 일으키는 것이야 말로 건강하다고 생각될 정도였다. 아이는 그동안 평범한 다른 아이들에 비해 세 배의 부담감에 시달렸을 것이다. 일반 부모들이 자녀에게 갖는 기대에 더해 그동안 부모나 남편에게서 충족되지 않은 엄마의 욕구까지 더해졌으니 말이다.

현희 씨는 상담을 통해 둘째 딸의 상처도 바라보게 되었다. 딸아이도 오빠만 바라보는 엄마에 대한 원망, 소외감과 같은 심리적 고통을 그대로 경험하고 있다는 사실을 깨달은 것이다. 어릴 적 현희 씨가 경험했던 애정에 대한 갈구, 불안, 무기력감이 다음 세대의 딸에게 그대로 전수되고 있었다.

자신의 원가족에게 상처를 입은 사람들은 현재의 가족에게 정서적으로 밀착하면서 심리적 안정을 찾으려 한다. 이때 가장 피해를 입는 것은 그들이 아니라, 자신의 의지와 상관없이 휘말리게 된 자녀들이다. 부모의 문제에 휘말려서 건강하게 자아를 형성하지 못한 자녀는 가족 내에서 분화되지 못하고, 그들이 결혼하면서 그 문제는 다음 세대에 또 대물림된다. 오늘의 아이가 내일의 어른이 된다는 사실을 기억하고, 이 악순환의 고리를 반드시 끊어야만 한다.

적자만 내는
가족 출납부

인간관계는 내가 이만큼 줬는데 그만큼 돌려받지 못했다고 생각하여
그것을 받으려고 노력하면 할수록 적자가 늘어가는 구조이다.

인간은 우리가 가진 지식으로는 이해할 수 없는 상반된 마음을
동시에 가지고 있다. 분석심리학자인 융(G. Jung)은 마음의 밝은 면
과 어두운 면이 통합을 이룰 때 비로소 심리적으로 성숙해진다고 보
았다. 이런 인간의 심리적 에너지를 가계부에 비유한다면, 부모에게
밝은 면보다 어두운 면을 더 많이 물려받은 사람의 가계부는 항상
적자일 것이다.

내담자들은 과거에 내가 어떻게 상처를 입어서 현재 나의 금전
출납부가 적자투성이인지에 대해서는 말을 아끼지 않는다. 그러나
이 적자를 어떻게 해결하고 싶은지에 대해 물으면 대부분은 생각해
본 적이 없다며 당황해한다.

자녀 문제로 만난 한 아버지는 어린 시절 가난하고 엄격한 부모 밑에서 성장하며 힘든 어린 시절을 보냈다. 일찍 사회생활을 시작한 아버지는 나쁜 짓을 일삼는 주위 사람들을 보면서 그 누구도 믿을 수 없다는 생각을 갖게 되었다고 한다. 그리고 그 역시 사채업을 했기 때문에 사람들을 수시로 협박하기도 했다. 아버지는 지금까지의 경험 때문에 주위에 있는 모든 사람들에게 냉정하고 엄격했다. 그런데 딸에 대한 그의 태도만은 정반대였다. 자신의 힘든 과거를 떠올리며 유일한 핏줄인 딸에게는 그런 고통을 주지 않으려고, 말 그대로 눈에 넣어도 아프지 않을 만큼 애지중지하면서 키웠다.

그런데 그런 딸이 고등학교에 입학하면서 돌변했다. 소위 말하는 불량 학생들과 사귀면서 학교에 가지 않고 유흥가를 배회했다. 학교에서 크고 작은 문제를 계속 일으켜서 부모가 학교에 불려가는 일이 잦아졌다. 이런 문제가 불거지면 아버지는 언제나 아내에게 아이를 잘못 가르쳤다고 윽박질렀다. 그러나 한 번도 딸에게 직접 화를 낸 적은 없었다.

교사나 어머니의 질책에도 불구하고 딸의 비행 강도는 점점 심해졌다. 딸은 대마초를 하기 시작했고, 어느 날은 혼자 있는 아버지에게 다가와서 돈을 달라고 했는데, 그때 딸의 손에는 커터 칼이 들려져 있었다. 아버지는 그날의 충격으로 지금까지 반대해 온 전문가의 도움을 받기로 결정했다.

이 이야기를 들으면 독자들은 먼저 부족한 것 없이 자란 딸이 왜 이런 행동을 했는지에 대한 의문을 가질 것이다. 그런데 '왜'라는 생각은 잠시 접어두고 딸이 이런 행동으로 아버지에게 무엇을 말하려고 했는지를 생각해 보자.

여러 가지로 이해될 수 있겠지만 상담자인 나는 딸이 다른 사람을 협박하여 돈을 얻는 아버지의 방식을 실천했던 것이라고 느꼈다. 이들 가족에게는 이때가 가장 긴장된 순간이었는지도 모르겠다. 이 가족의 가계부가 만성 적자 상태라는 것은 누구나 쉽게 추측할 수 있을 것이다.

앞에서 언급한 아버지는 '사람이란 신용할 수 없는 어두운 면만 가지고 있다'고 생각하면서도 동시에 무조건 믿으려는 밝은 면을 추구하는 마음도 함께 가지고 있었다. 그런데 밝은 면은 오직 딸과의 관계에서만 찾으려고 했다. 딸이 아버지의 기대에 따라주었다면 가정은 그에게 안식처였을 것이다. 그러나 딸의 입장에서는 아버지의 삶의 방식에 끼워진다는 것이 견딜 수 없었을 것이다. 더 이상은 아버지가 만든 틀에서 움직이고 싶지 않았기에 아버지에게 상당히 익숙한 방법, 즉 '위협'이라는 것을 시도했다고 생각된다.

사실 위협 자체보다는 그것이 가정에서 일어났다는 사실이 아버지에게는 충격으로 다가왔을 것이다. 나는 '아버지를 위협하는 것'으로 딸은 자신이 아버지의 의지대로 움직이는 인형이 아니라는 것을 표현했다고 본다. 아버지가 원하는 대로 살아간다면 가족은 안정된 관계를 누릴지 모르지만, 자신의 삶은 없어질 것임을 무의식적으로 간파했을지도 모른다.

위의 사례는 적어도 가정에서만큼은 밝은 면만 보고 싶다는 아버지의 안정에 대한 기대의 조각과, 나만의 삶의 방식으로 살고 싶다는 딸이 가진 열망의 조각이 부딪쳐 자신들의 차이를 극대화한 문양이라고 할 수 있다. 나는 가정을 위해 뭔가 하고 싶다는 어머니의 소망 조각까지 합하여 여러 가지 모양을 탐색하면서 조화로운 문양을 찾아가려고 노력했다.

이들 가족은 함께 만나면서 여러 번의 갈등이 있었다. 그런데 갈등은 가족 간의 화해를 이끌어내는 지름길이기도 했다. 딸이 "아버지, 날 사랑한다고 하지만 사실은 나를 통해 아버지의 과거를 보상받고 싶었던 건 아니었나요?"라고 하자, 아버지는 지금까지 잘 몰랐던 딸의 마음을 이해하고 사과했다. 이런 힘든 과정을 거치면서 이 가족은 지금과는 다른 의미에서의 안정을 누릴 수 있었다.

이들이 만들어낸 안식처가 이전과 다른 점은 가족 구성원 모두가 자신이 말하고 싶은 것을 표현할 수 있으며, 때로는 그로 인해서 충돌하고 서로 사과한다는 것이다. 갈등을 회피한 채 누군가가 희생하면서 만든 표면적인 평화와는 다르다. 나는 이렇게 만들어낸 가족 관계가 보다 생동감 넘치고 활기차다고 생각한다. 만화경에서 여러 가지 조각이 부딪치며 가장 아름다운 문양을 찾아가는 것처럼 말이다.

우리의 가계부가 적자를 면치 못한다고 생각하면 사람들은 어떻게 해서든지 적자를 개선하려고 한다. 그런데 인간관계는 내가 이만큼 줬는데 그만큼 돌려받지 못했다고 생각하여 그것을 받으려고 노력하면 할수록 적자가 늘어가는 구조이다.

아이들에게 이만큼 사랑을 줬으니까 다 자란 뒤 늙고 병든 나를 외롭지 않게 해줘야 한다고 생각하면서 자녀를 키우는 부모는 거의 없을 것이다. 내가 부모로서의 역할을 할 수 있도록 해준 것에 감사하면서 현재의 육아에 충실해야 한다.

이렇듯 적자를 의식하고 메꾸기 위해 노력하는 것이 아니라, '지금, 여기'에 충실하면 그 작은 것들이 쌓여서 심리적 안정감이라는 흑자로 돌아설 수 있는 것이다. 쌓여가는 적자는 가족이 성장하는 데 필요한 성장통이라고 생각하자. 그러면 과감히 한 페이지를 넘겨 새로운 장을 쓸 수 있을 것이다.

낮에 활발하게 놀던 아이가 한밤중에 자다가 갑자기 일어나 다리가 아프다고 울기도 하는데, 이때 부모가 다리를 주물러주거나 잠시 안아주면 금방 괜찮아져서 다시 잠자리에 든다. 이것은 어떤 질병이 원인이 아니라 팔다리가 급격하게 성장하는 과정에서 보이는 통증인 '성장통'이다. 성장하기 위한 아픔인 셈이다.

　나는 가족들의 어려움이나 위기도 일종의 성장통이라고 생각한다. 현재 겪는 위기나 어려움이 초래하는 다소 어색하고 불쾌한 감정을 새롭게 이해하면 그 불편함을 훨씬 여유 있게 받아들일 수 있으므로 가족의 성장을 위해서는 순간의 적자나 흑자에 일희일비하지 않는 긴 안목이 필요하다.

부부,
그들만의 춤

냉정하게 생각해 보면
부부 생활은 실패를 전제로 시작되는 것이다.

———————

부부 관계는 춤에 비유할 수 있다. 결혼 생활을 보다 건강하게 만들어가기 위해서는 자신들에게 맞는 춤의 리듬을 찾아내는 것이 필요하다. 춤을 잘 추려면 박자나 리듬감을 몸에 익혀야 하듯 부부간의 관계 댄스도 마찬가지다.

나는 그동안의 부부 상담을 통해 상대의 자유를 인정하는 것, 공동체 의식, 관계를 새롭게 만들겠다는 의지, 신뢰감, 공감 능력, 유연함 등이 부부 댄스의 박자나 리듬감이라는 것을 깨달았다. 이런 요소들은 각자의 부부들에게 필요한 형태로 결합되면서 둘만의 춤을 만들어낸다. 이렇듯 어떤 춤을 어떤 식으로 출 것인가를 언어적 또는 비언어적으로 서로 이해하고 이해시키는 부부 관계가 건강한 관계인 것이다.

결혼이 내가 꿈꾸던 행복을 가져다주지 못했다고 실망하는 부부들을 자주 만난다. 상담실을 찾는 부부들은 배우자의 외도처럼 심각한 상처를 입은 경우도 있지만, 가사 노동에 대한 의견 다툼 등 사소한 문제로 마음을 다친 경우도 의외로 많다. 이들이 가장 많이 하는 말은 '아무런 의심도 하지 않고 믿었는데 이젠 아무것도 믿을 수 없다', '이런 게 결혼 생활이라면 하지 말 걸…'이라는 후회의 말이다.

이런 부부들을 만날 때마다 나는 '결혼'이 무엇인가를 다시 한번 생각한다. 그러나 가족 상담 전문가인 나조차도 선뜻 답하기 어려운 질문이다. 요즘 들어 독신의 삶을 선택하는 청년의 숫자가 늘어나는 것도 이런 물음에 대한 답을 찾지 못하기 때문일지 모르겠다. 돌이켜보면 나의 대답도 시대와 상황에 따라 매번 바뀌었던 것 같다.

궁극적으로 결혼을 선택하는 것은 내가 행복해지기 위해서다. 그러나 내가 만난 대다수의 부부는 결혼이 행복을 가져다줬다고 생각하지 않았다. 꿈꾸었던 행복한 결혼 생활은 산산이 부서지고 '그런 생각을 했던 내가 바보였다'고 후회하는 부부들도 있다. 이처럼 행복을 바라고 결혼한 남녀는 행복을 가져다주지 않은 상대방을 비난하고 미워하며, 극단적인 경우에는 관계에 종지부를 찍는다.

가족 관련 강연을 하면서 청중들에게 결혼의 동기를 물으면 대부분은 '좋아하는 사람과 함께 하고 싶어서'라고 대답한다. 여성들은 좋아하는 사람과 함께하면 행복해질 수 있다고 믿고, 남성들은 정신적인 안정감을 얻을 수 있다고 생각한다. 그런데 이렇게 공개적으로 대답할 때와 달리 상담실 같은 닫힌 장소에서 물어보면 '혼기가 찼기 때문에', '상대가 조건에 맞아서' 선택했다는 다소 건조한 대답도 들을 수 있다. 때로는 혼전 임신 때문에 어쩔 수 없는 선택이었다는 보다 절박한 이유를 듣기도 한다.

결혼 생활 10년 동안 줄곧 남편을 사랑했다고 주장하는 아내가 있었다. 매번 상담 때마다 아내는 '나는 이렇게 당신의 일에 헌신적인데, 당신은….'이라고 원망하며 사랑을 되돌려주지 않는 남편에 대한 불만을 토로했다. 그러나 남편은 '아내는 경제적 안정을 보장하는 자신을 사랑한 것뿐'이라고 항변했다. 사람들이 보기에는 아내가 나를 끔찍하게 위하는 것 같지만 사실은 자신을 돈 버는 기계로 생각하고, 그 기계가 잘 돌아가도록 관리했을 뿐이라는 것이다. 남편은 무심한 자신보다 사랑으로 포장하여 상대방을 통제하려는 아내가 더 이기적인 사람이라고 단언했다.

나는 사랑에서 이기적인 요소를 완전히 배제할 수는 없다고 생각하기 때문에 남편의 말에 전적으로 동의하지는 않는다. 그러나 이기적인 마음이 사랑이라는 이름으로 포장되어 상대방을 강요할 수 있다는 점은 경계해야 한다.

냉정하게 생각해 보면 부부 생활은 실패를 전제로 시작되는 것이다. 각각 다른 유전적 요소를 가지고 다른 환경에서 자라난, 전혀 다른 별개의 인격체인 남녀가 결합되어 만들어진 가족이 처음부터 완벽한 하나일 수는 없다. 서로 다른 가치를 가진 사람들이 '자신'의 것을 고집하는 과정에서 실패를 반복하면서 '우리'의 것에 대한 필요성을 느끼게 된다.

사람들은 실패의 경험을 통해 타인과 원만하게 지내려면 지혜와 양보가 필요하다는 사실을 터득한다. 사실 대부분의 사람들은 가정 이외의 곳에서는 이런 지혜를 곧잘 발휘한다. 그런데 부부 관계의 함정은 이성보다 감성이 앞선 상태에서 시작된다는 것이다. 감정적으로 뒤엉켜 있다 보니 부부 사이가 서로 다른 사람들이 만나서 출발한 관계라는 사실을 종종 잊어버린다. 또한 상대가 어떤 것에서 행복을 느끼는지 살펴보거나 상대를 위해 노력할 여유를 갖지 못한다. 좋은 부부 관계를 위해 상대를 내 마음대로 생각하고 있지 않은지에 대해 수시로 자기 검열을 해야 하는 이유가 여기에 있다.

베스트 파트너가 되기 위해서는 남과 여가 다르다는 것을 인정하고, 이에 따른 둘만의 규칙을 만들어갈 수 있어야 한다. 이것이 가능해야 부부가 함께 성장할 수 있다.

부부 댄스의 비유를 이어가자면, 정형화된 박자와 리듬을 배우는 시대는 지났다. 따라서 현대 사회에서의 부부 관계는 모범 답안에 얽매일 필요가 없다. 세상에 존재하는 부부들의 춤은 모두 다르다. 어떤 부부는 한쪽이 리드하고 한쪽은 따라가는 것을 선호한다. 누군가는 그 춤이 부모 세대가 좋아하는 댄스 스타일이라고 생각할지 모른다. 그렇다고 해서 그런 춤을 추는 사람을 향해 시대에 뒤떨어진 춤은 그만두라고 조언할 필요는 없다. 상담실에서 이런 리듬감을 좋아하는 부부를 만나면 나는 굳이 다른 형태의 댄스를 권하지 않는다. 그런 식의 댄스는 그들이 부부 생활을 이어오면서 만들어낸 최선의 선택일지도 모르기 때문이다.

상담 과정에서 내가 할 일은 부부가 자신들의 몸짓을 점검하고, 그것이 자신들에게 도움이 된다는 사실을 수용한 뒤 그들만의 춤을 추게 만드는 것이다. 동시에 자신들이 추는 춤을 '우리가 함께 만들어냈다'고 생각하도록 하는 데 있다.

부모와 자녀,
사랑과 훈육 사이

부모 자녀 관계의 기초는
정서적 유대감을 충분히 가졌는지의 여부에 달려 있다.

———————

자녀의 문제 행동으로 상담실을 찾은 부모들의 태도는 다양하다. 어떤 부모는 하늘이 무너진 듯 놀라고 슬퍼하면서 앞으로 펼쳐지게 될 암울한 미래를 불안해한다. 또 다른 부모는 문제의 원인을 학교 환경이나 또래 친구의 탓으로 돌리면서 자신들의 부모 역할에 상처 받고 싶어 하지 않는다. 때로는 자녀가 어떤 생각을 하고 있는지, 또 어떻게 행동하는지를 전혀 모르는 방목형 부모들도 있다.

어떤 유형의 부모든 일단 상담이 시작되면 아이에게 사랑과 훈육을 각각 어느 정도 주어야 하는지에 대해서는 공통적으로 궁금해한다. 물론 정확한 용량을 표현하는 저울처럼 모두에게 맞는 이상적인 비율을 제시할 수는 없다. 그래서 이런 질문을 받을 때마다 상담자들은 당혹감을 감출 수가 없다.

중학생 딸이 청소년 임시 보호시설에 머물고 있는, 아동 학대 가해자인 어머니가 "아이를 다시 잃지 않으려면 그 아이가 나쁜 짓을 해도 못 본 척해야 하나요?"라고 진지하게 물었다.

어머니는 딸을 가정으로 다시 데려오기 위해 그간 많은 노력을 해왔다. 그리고 자신의 변화를 관련 기관 담당자들과 딸에게 인정받아 주말에는 딸과 함께 지낼 수 있게 되었다.

함께 지내다 보면 훈육의 차원에서 아이를 야단칠 일도 생기는데, 그때마다 아이는 "역시 엄마는 어쩔 수 없어. 집에 오는 걸 다시 생각해 볼래…." 하고 쏘아붙였다. 어머니는 아이의 눈치를 보면서 더 이상 아무 말도 할 수 없는 스스로가 너무 답답하다고 호소했다.

사랑과 훈육의 이상적인 비율에 대해서는 누구도 쉽게 답하기가 어려운 문제다. 그러나 한 가지 분명한 것은, 부모와 자녀 관계는 '따뜻한 보살핌'이라는 기초가 튼튼해야 하며, 훈육은 그 위에서 이루어져야 한다는 점이다.

영국의 정신 의학자이자 정신 분석가인 보울비(J. Bowlby)는 어른들의 정서적 보살핌이 아이들에게는 공기와 같다고 강조했다. 공기가 없으면 생존할 수 없듯, 아이들은 정서적 보살핌 없이 살 수 없다. 그는 연구를 통해 어머니와 떨어져 풍요롭고 안락한 환경을 제공받은 아기들보다 열악한 환경이라도 어머니와 함께 지낸 아기들이 신체적으로나 정신적으로 더 건강하다는 것을 밝혔다. 할로우(H. Har-low)의 '원숭이 애착 실험'에서도 새끼 원숭이들은 우유가 나오는 철사로 만든 어미 인형보다 우유는 없지만 푸근한 헝겊으로 된 어미 인형 곁에서 대부분의 시간을 보냈다.

'나를 기다리는 부모' 또는 '내가 돌아갈 수 있는 공간'이 있다고 생각하는 비행 청소년들이 그런 생각을 하지 못하는 환경의 청소년보다 빨리 비행을 멈출 수 있었다는 연구 결과도 있다.

이처럼 부모 자녀 관계의 기초는 정서적 유대감을 충분히 가졌는지의 여부에 달려 있다. 그래서 나는 어린 시절에 충분한 보살핌을 받지 못했다고 느끼는 내담자를 만나면 우선 따뜻하고 안정된 관계를 제공하고자 노력한다.

대부분의 포유동물이 태어나자마자 홀로서기를 하는 것과 달리 인간의 아기들은 태어나서 한동안 스스로 할 수 있는 것이 전혀 없다. 동물학자 포트만(A. Portmann)은 아기가 다른 동물들처럼 태어나서 적으로부터 자기를 보호하기 위해 걷거나 뛰고 생존에 필요한 먹이를 얻을 수 있는 능력을 갖추려면 최소한 일 년 이상은 엄마 몸속에 더 있어야 한다고 보았다. 아기가 자립하기에 충분할 만큼 뇌가 발달한 후 태어나려면 산모의 골반을 빠져나오기가 힘들기 때문에 지금과 같은 '자궁 밖에 있는 태아'가 될 수밖에 없었다는 것이다.

심리학자들은 이 기간을 아기들이 양육자와 정서적 유대를 맺을 수 있는 '축복의 시간'이라고 말한다. 그리고 이 시기가 진정한 축복의 시간이 되기 위해서는 부모라는 존재가 전제되어야 하며, 부모의 도움으로 살아가는 데 필요한 모든 것을 제공받을 수 있어야 한다.

아기는 울거나 웃음으로써 자기를 돌봐주는 어른들과 어떻게 상호 작용해야 하는지를 터득하면서 생존한다. 또한 사람과의 정서적 유대를 획득했을 때 느끼는 성취감 등을 경험하면서 성장한다. 이런 시기가 발판이 되어야 신체적으로나 정신적으로 독립하여 살아갈 수 있는 능력이 길러진다. 많은 심리학자들이 아이의 인격 발달에 부모의 역할과 중요성을 강조하는 이유가 여기에 있다. 아이가 인간으로서 자신에게 필요한 신체적, 정신적 능력을 갖추게 되는, 최소한 15년 이상의 성장기에는 어른의 보살핌이 절대적으로 필요하다.

부모 역시 자신들에게 맡겨진 소임을 다하기 위해 여러 가지 방법으로 아이를 키운다. 아동 발달 전문가 바움린드(D. Baumrind)는 부모들이 보이는 양육 태도를 방임적, 허용적, 독재적(권위주의적), 민주적(권위적)으로 나눴다. 방임하거나 원칙이 없이 무조건 허용하는 부모, 또는 자신의 의견이나 입장을 고집하는 독재적인 부모와 달리 민주적 부모는 자녀에게 자유를 허용하지만 동시에 적절한 한계도 함께 제시한다.

미국의 공원에서는 아기의 발과 엄마의 팔목 사이에 끈이 묶여 있는 것을 자주 볼 수 있다. 그 모습을 처음 봤을 때는 '아기에게 강아지 리드 줄을 걸었네?' 하고 생각하면서 문화적인 충격을 받았다. 아이를 안거나 업고, 혹은 유모차에 태우고 다니는 한국의 풍경과는 사뭇 달랐기 때문이다.

그런데 이런 광경을 자주 목격하면서 서양인들의 실용적 사고에 감탄하게 되었다. 줄에 묶인 아이는 주변을 탐색하고, 엄마는 책을 읽거나 뜨개질을 하는 등 각자가 자기 놀이나 일에 몰두했다. 하지만 줄에 묶이지 않은 아이들은 자신의 놀이에 집중하지 못하고 수시로 뒤를 돌아보며 엄마가 있는지를 확인하고 있었다.

이 예시처럼 부모로서의 애정과 확고한 훈육이 조화를 이루는 부모가 된다면 자녀들은 정서적으로 안정을 얻으면서 부모들도 자신의 관심사에 몰두할 수 있을 것이다.

자녀를 정서적으로 안정된 아이로 키우려면 아이들이 보고, 듣고, 느낀 것을 자유롭게 표현할 수 있도록 허용해야 하는데, 이것은 부모가 자녀의 생각이나 주장을 존중할 때 가능하다. 학습이나 성취동기에 있어서도 마찬가지다. 미국의 발달 심리학자인 플라벨(J. Flavell)은 연구를 통해 부모가 자녀의 학습에 대한 관심을 가지고 있지만 아동의 학습 방식을 존중하면서 한발 뒤에서 격려할 때 자녀들이 학습에 능동적으로 참여하고 학습 효과 또한 크다고 주장했다.

부모가 뒤에서 자신을 보고 있다고 느끼는 아이들은 내가 위험에 빠지면 언제든지 달려와줄 것이라는 믿음이 있어서 새로운 일에 과감히 도전할 수 있다. 따라서 애정과 신뢰를 가지고 자녀의 행동을 한 걸음 뒤에서 지켜봐주는 여유가 필요하다. 때로는 따뜻한 미소를 띠고, 때로는 진지한 시선으로 자녀를 지켜보는 것이 부모가 줄 수 있는 최고의 애정이 아닐까.

형제란
다 그런 거 아닌가요?

'형제지만 동등하다', '협력자이자 파트너'라는 생각을 갖도록
양육하는 것이 필요하다.

───────

아동이나 청소년들이 안고 있는 문제를 다루다 보면 그동안 심각
하게 여기지 않았던 '형제간의 갈등'이라는 주제가 수면 위로 올라
오는 경우가 많다. 이때 부모들은 "형제란 다 그런 거 아닌가요? 저
도 어릴 적에 언니한테 엄청 혼나면서 컸는걸요."라면서 심각하게
받아들이지 않는다. 그런데 부모가 겪은 어린 시절의 경험(출생 순서
나 성별에 따른 차별 등)이 내적으로 충분히 정리되지 못하면 자녀 양
육에 걸림돌이 되기도 한다.

사람들은 대부분 형제 관계를 통해 처음으로 또래 관계를 경험한
다. 그래서 둘 이상의 자녀를 낳게 되면 부모가 형제자매 간의 좋은
경험을 만들어주고자 노력해야 한다.

나는 자신의 힘든 상황을 호소하는 성인 내담자를 만나면 현재의 어려움을 함께 나눌 사람들이 주위에 있는지 자주 묻는다. 이때 대부분의 내담자는 부모나 형제자매를 어려움을 함께 나눌 수 있는 대상으로 인식하지 못한다. 물리적으로 가까운 곳에 형제자매가 있는데도 그들이 도움이 되지 못할 것이라고 생각하는 사람들은 어린 시절 경험한 형제간의 경쟁의식을 아직 해결하지 못한 경우가 많다.

어린 시절에는 많건 적건 형제자매 간에 경쟁의식이나 갈등이 생기기 마련이다. 발달 심리학자들은 이를 안전지대에서 또래 관계와 같은 사회성을 경험하는 것이라고 말하며, 이는 궁극적으로 아이들의 자존감과 연결된다고 강조한다.

나이 든 형제자매는 "옛날에 우린 엄청 싸웠지. 하지만 언니랑 싸운 덕분에 학교에 가서 아이들과 잘 지낼 수 있었어."라고 웃으면서 추억을 나누기도 한다. 가족은 여러 가지 추억을 담아놓은 사진첩 같아서 그것을 들춰 보면서 어린 시절의 경험을 나누다 보면 그동안 서먹했던 형제자매 관계가 회복되는 경우도 많다.

어린 내담자를 만나는 경우에 나는 형제간의 갈등이 주된 문제가 아니어도 형제자매를 함께 상담실에 초대해 새로운 경험을 제공하려고 애쓰기도 한다. 이것은 상담자인 내가 형제자매의 갈등과 같은 문제 상황에 직접적으로 개입하려는 의도도 있지만, 사실은 부모에게 자녀들의 관계를 어떻게 다루는 것이 바람직한지를 보여주고 싶기 때문이기도 하다.

자녀들이 살아가면서 훗날 이야기 나눌 많은 경험을 만들어주기 위해서는 어린 시절 형제간의 갈등을 슬기롭게 극복했다는 전제가 있어야 한다. 생의 끝자락에 있는 사람들은 어린 시절을 공유한 사람들, 특히 형제자매들과 옛이야기를 나눌 때 가장 편안해한다는 말을 호스피스의 관계자로부터 전해 들은 적이 있다. 형제자매에 대한 경험은 사람마다 다양하겠지만, 그 경험이 어떤 것이든 어린 시절에 함께 보낸 시간은 살아가면서 큰 자원이 된다.

그런데 실생활에서는 아름답게 성장한 형제자매의 이야기만 있는 것이 아니다. 특히 자녀들이 성장하여 노부모를 돌봐야 하는 관계로 역전될 때 그동안 묻어 두었던 형제자매 간의 질투심과 분노가 표면으로 드러나는 경우도 있다.

은주 씨는 지방에서 부모님을 모시고 있는 큰언니가 요즘 너무 화를 내서 살얼음판을 걷는 느낌이라고 호소했다. 오빠와 남동생, 자신은 어린 시절부터 학업을 위해 서울에 올라와서 생활했다. 사실 부모님은 은주 씨를 공부시키기 위해 서울로 보냈다기보다는 두 아들을 뒷바라지할 사람이 필요했기 때문에 함께 보낸 것이었다.

어쨌든 은주 씨는 대학을 졸업하고 서울에 정착했다. 언니는 부모님과 함께 고향에서 계속 생활했는데 부모의 주선으로 지역의 꽤 괜찮은 집안과 혼인했다. 부모님은 자녀 넷이 나름대로 안정된 삶을 사는 것에 만족하셨다. 각자의 생활 때문에 자주 만날 수는 없었지만 명절 때 가족들이 모이면 분위기는 늘 화기애애했다.

그런데 최근 아버지의 치매 증상이 심해지자 언니는 '늙은 부모를 내게만 맡기고 모두 나 몰라라 하고 있다'고 화를 내기 시작했다. 은주 씨는 이런 소리를 들을 때마다 억울한 마음이 들었다. 두 형제의 밥을 해주느라고 힘들게 학창 시절을 보내서 제대로 된 추억도 없고, 결혼 후에도 엄마의 손길이 아쉬울 때가 있었지만 모든 걸 스스로 해결했기에 부모 옆에서 편하게 생활하는 언니가 늘 부러웠다. 지금까지 장녀로서 누린 특혜가 많았는데 부모님이 편찮으시니 볼멘소리를 하는 언니가 못마땅하기만 했다.

은주 씨는 "언니는 자신이 다른 형제들처럼 서울에서 학교를 다니지 못한 것이 큰 희생인 것처럼 말하고 있는데, 저는 동의할 수 없어요. 언니의 성적으로는 서울에 있는 대학은 꿈도 꿀 수 없었어요. 그리고 좋은 집으로 시집을 간 것도 모두 부모님의 덕이기 때문에 형제 중 가장 큰 수혜자는 언니예요."라고 말했다.

물론 나는 이 자매에게 심각한 어려움이 있다고 생각하지는 않는다. 다만 오랫동안 떨어져 살아온 자매들이 서로 협력해야 하는, 낯설고 익숙하지 않은 상황에서 오는 어려움이 커 보인다. 혹은 부모와 가까이 살고 있던 큰딸이 앞으로 벌어질 부양의 책임을 전적으로 떠안게 될지도 모른다는 부담감 때문에 오랫동안 묻어 두었던 질투심과 분노를 표면화한 것은 아닐까?

그러나 이 시점에서 갈등을 지혜롭게 풀지 못하면 부모가 사망했을 때 형제자매들은 모두 뿔뿔이 흩어질 가능성이 높다. 실제로 부모의 사망을 계기로 형제자매의 불화가 극에 달하는 경우가 많다. 이는 형제자매 간의 경쟁 관계가 오래되었을수록 더욱 심해진다.

형제자매가 성장해서도 좋은 관계를 유지하려면 어떻게 양육하는 것이 바람직할까. 오래전 재미 교포인 일란성 쌍생아 가족을 만났을 때의 일이다. 나는 무심코 "누가 형인가요?"라고 물었다. 그러자 어머니는 "우린 형, 동생이 없어요. 그냥 이름을 불러요."라고 대답했다. 상담하는 동안 각각의 아이들이 가진 장점을 보려고 집중하는 부모의 모습을 관찰하면서 '형인데 동생보다 못해서 걱정'이라는 또 다른 부모가 떠올라 여러 가지 생각을 하게 되었다.

'형만 한 아우가 없다'는 속담은 한국 가족의 형제자매 관계를 필요 이상의 차별이나 경쟁 관계로 몰아가는 것 같다. 이것이 반드시 형제의 통합을 불가능하게 한다고 단정할 수는 없지만, 이 같은 대가족 제도의 가치관이 형제자매 간의 관계를 위축시키는 것은 사실이다. 특히 형제자매의 수가 많지 않은 현재의 가족에서 이런 가치를 고수하는 것은 부적절하다. 오히려 '형제지만 동등하다', '협력자이자 파트너'라는 생각을 갖도록 양육하는 것이 필요하다. 이런 양육이야말로 훗날 형제자매가 그들의 해묵은 기억의 창고에서 빛바랜 추억을 아름답게 꺼내어 나눌 수 있는 든든한 주춧돌이 될 것이다.

상처받은 관계를 회복하기 위한 가족 심리 테라피

Part 2
함께 앓는 가족 성장통

남녀노소의 이질적인 구성원이 모여 만들어진 가족이
다양한 문제를 갖게 되는 것은 당연하다.
그러나 문제가 곧 가족을 위기로 몰아넣는 것은 아니다.
때로 위기는
적응할 수 있는 전략을 수행함으로써
가족에게 성장할 기회를 제공하기도 한다.

가족은 타인보다 서로의 민낯을 더 잘 볼 수 있기 때문에 상처를 주기도, 받기도 더 쉽다. 같은 상처가 지속되거나 몇 개의 상처가 동시에 맞부딪치면 가족들은 기존의 방법으로는 문제를 해결하지 못하는 위기를 맞게 된다. 이처럼 자신들의 힘만으로는 문제에 대처할 수 없다는 한계에 부딪혔을 때 전문가의 도움을 구한다. 그리고 어떤 가족은 상담을 통해 많은 도움을 받았다고 기뻐하고, 또 다른 가족은 기대를 안고 왔는데 큰 도움이 되지 않았다고 실망하기도 한다.

가족들이 안고 오는 문제는 가족생활 주기의 어떤 발달 단계에서 다음의 발달 단계로 옮겨갈 때와 관련 있는 것들이 대부분이다. 여기서는 신혼부부, 자녀의 탄생, 부모 자녀의 갈등, 노년과 죽음의 순으로 내가 만났던 사례를 들어 살펴보려고 한다.

두 성인이 자신들이 태어나서 자란 가정을 떠나 결혼을 하면 남편과 아내로서 조화롭게 상대에게 맞춰가는 방법을 배워야 한다. 이 과정을 잘 수행하면 첫 자녀가 태어나면서 부모라는 새로운 역할을 경험하게 되고, 그 후에도 가족 수가 증가하거나 줄어드는 것에 따라 이전의 생활 방식을 끊임없이 재조정해야 한다.

생활 주기의 각 단계마다 예측될 수 있는 사건들을 통과하지만 그것은 긍정적이건 부정적이건 가족들에게는 스트레스가 된다. 이때 어떤 가족이 스트레스로 인해 정서나 행동에 영향을 받으면 그것은 다른 가족에게 또다시 영향을 주어 가족 전체에 연쇄적으로 전달된다. 가족은 이처럼 복잡하게 얽혀 있기 때문에 개인의 경우와는 달리 갈등의 패턴이 복잡하고 사과해야 할 상황도 많아진다.

남녀노소의 이질적인 구성원이 모여 만들어진 가족이 다양한 문제를 갖게 되는 것은 당연하다. 그러나 문제가 곧 가족을 위기로 몰아넣는 것은 아니다. 일반적으로 위기는 효과적이지 못한 행동 유형으로 가족 퇴행의 원인이 되지만, 때로는 적응할 수 있는 전략을 수행함으로써 가족에게 성장할 기회를 제공하기도 한다. 나는 30년 이상 다양한 가족들의 이야기를 들어왔다. 제각기 다른 것 같지만 사실은 같은 이야기이다. 가족 중 누군가가 새로운 시도를 하면서 겪는 실수의 이야기이기도 하다.

어떤 사람은 실수를 손해라고 단정 지을지도 모른다. 사실 실수를 극복하는 데에는 많은 시간과 에너지가 필요하다. 심한 경우 몇십 년이 걸리기도 한다. 그래도 실수가 두려워서 아무것도 시도하지 않으려는 아이를 만나면 두려워하지 말고 도전하라고 용기를 준다. 아이가 어른이 되어 가는 과정에는 '시도와 실패'가 빠질 수 없기 때문이다.

가족의 경우에도 상대에게 상처를 줄까봐 아무런 상호 작용도 하지 않는 가족은 결코 참된 가족이 될 수 없다고 생각한다. 가족들이 실수를 통해 성장할 수 있도록 실수에만 스포트라이트를 비추지 말고 가족 상호 작용의 맥락 속에서 그것을 바라보는 여유가 필요하다.

성장통을 치료하는 의사들은 약을 처방하는 것이 아니라 부모에게 아픔의 원인이 질병에 의한 것이 아니라는 점을 이해시키면서 여유를 갖도록 조언한다고 한다. 가족 상담자의 역할도 마찬가지다. 대부분의 상담자는 가족들이 가지고 온 문제를 드라마틱하게 해결할 만한 능력을 가지고 있지 못하다. 그런데도 상담실 안에서는 종종 감동적인 반전이 일어난다. 나는 그 같은 장면은 상담자의 능력이 아니라 가족 덕분이라고 생각한다.

상담자의 역할은 어려움이 있는 가족을 낫게 하는 것이 아니라 가족들이 치유되는 과정에 함께하는 것이다. 상담자로서 나는 가족을 만나면 먼저 그들에게 어떤 일이 일어났고, 어떤 것에 고통받고 있으며, 이 과정에서 가족들이 느끼고 있는 감정이 무엇인지 공유하려고 노력한다. 어떤 때는 가족들이 현재 자신들에게 닥친 문제가 너무 심각하다고 생각하여 그들 스스로는 잘 보지 못했던 '꽤 괜찮은 작은 이야기'를 찾아내기도 한다. 나는 그것을 가족들과 나눈다.

이런 과정이 이어지는 동안 가족 중 누군가가 내 입장이 아닌 상대의 입장에서 문제를 바라보기 시작하면서, 상대방이 느꼈을 상처를 이해하고 사과할 마음을 먹으면 가족의 문제는 새로운 국면을 맞이한다. '사과하고 용서하는' 경험은 가족을 성숙하게 만드는 힘이다. 따라서 앞으로 언급하는 이야기를 누군가의 스토리로만 읽지 말고, 그것에서 의미를 발견하여 읽는 사람마다 또 다른 자신만의 이야기로 받아들일 수 있기를 바란다.

신혼,
친밀감은 저절로 쌓이지 않는다

공감적 의사소통 능력을 길러야 하는 신혼기에는
표정이나 몸짓으로 이해하는 비언어적 커뮤니케이션이 더욱 필요하다.

———

결혼 관련 전문가들은 건강한 가정을 이루기 위해서는 자신이 태어난 원가족에서부터 독립한 두 남녀가 신체적, 정서적으로 친밀감을 형성하는 것이 중요하다고 강조한다. 두 남녀의 친밀한 결합은 이후의 가족생활 주기의 방향을 결정하는 데에도 커다란 영향을 미친다. 따라서 결혼 초기에 친밀감을 형성하기 위해 노력하지 않는다면 이후 가족생활 주기의 각 단계는 안정된 기능을 유지하기 어렵다.

노력하지 않았는데 시간이 흐른다고 해서 저절로 얻어지는 친밀감이란 없다. 시도와 실패를 반복해가면서 가까워지려는 노력이 있어야만 '부부'라는 편안하고 안정된 관계를 얻을 수 있다.

신혼의 시기는 다른 문화에서 자란 두 사람이 새로운 문화를 만드는 단계이기 때문에 부부 갈등이 표면화되기 쉽다. 따라서 가족 관계를 연구하는 대부분의 학자들은 이 시기의 부부들에게는 가정생활, 친구, 일 사이의 균형 찾기, 부부간의 새로운 규칙 만들기와 그것에 적응하기, 부부와 원가족 사이의 균형을 이루면서 부부의 신뢰를 강화하기가 중요한 과업이라고 말한다.

여기에서는 아무런 노력도 하지 않은 채 시간이 지나면 친밀해질 거라는 안일한 생각으로 고통받은, 그리고 갈등 상황에 처했을 때 충분한 대화를 하기보다는 어떻게든 문제를 빨리 해결하려고 애쓰다가 골이 더 깊어진 젊은 부부들의 이야기를 소개한다. 그만큼 결혼 초기의 정서적 유대감을 위한 노력은 아무리 강조해도 지나치지 않다.

시간이 저절로 친밀감을 만들어주지는 않는다

●

결혼 3개월 차 은지 씨는 한창 신혼의 단꿈에 젖어 있어야 할 시기에 남편의 '인터넷 중독'을 의심하면서 상담실을 찾았다. 신혼여행을 배낭여행으로 했지만 정작 둘만의 오붓한 시간을 가지지 못했고, 이후 신혼집에서도 여전히 대화 없는 생활이 이어졌다. 그것은 남편 승규 씨가 휴대폰을 거의 붙들고 살기 때문이다.

처음에는 식사할 때도 휴대폰만 보고 있는 남편에게 말을 걸어보기도 했다. 그러나 그때마다 건성으로 대답하는 남편의 태도에 마음이 상해서 결국 대화를 포기했다. 컴퓨터나 휴대폰에서 떨어질 줄 모르는 승규 씨를 보면서 청소년기에 인터넷 중독은 아니었을까 하는 의심도 해봤다. 그러나 딱히 인터넷 게임을 즐기는 것 같지도 않은데 습관처럼 컴퓨터 앞에 앉아 있거나 휴대폰을 보고 있으니 은지 씨는 이유를 알지 못해 더욱 답답해졌다.

은지 씨 부부는 같은 교회에 다니면서 매우 가까운 사이인 양가 부모의 주선으로 결혼했다. 6개월의 짧은 만남이었기에 남편이 될 승규 씨에 대해서 많은 걸 알 수는 없었지만, 잘 아는 분들과 식구가 된다는 것 때문에 친근감을 가지고 기꺼이 결혼했다. 남편과 시집 식구가 생기는 결혼을 한다는 것, 그 자체만으로도 은지 씨에게는 행복한 일이었다.

은지 씨는 외국계 회사에 취업하여 또래의 다른 친구들보다 안정된 생활을 하고 있었다. 그러나 30대에 접어들면서 좋은 짝만 만나면 꿈꾸던 완벽한 가정생활을 할 수 있을 것 같은데 그런 기회가 좀처럼 주어지지 않아서 점점 초조해졌고, 최근 몇 년 동안은 우울해지기도 했다. 그런 자신이 드디어 결혼을 하게 된 것이다. 그래서 누구보다 행복한 가정을 꾸미고 싶었는데 출발부터 혼란스러운 느낌이었다.

　따로 만난 승규 씨는 은지 씨가 결혼 생활에 완전히 적응하고 있는 것처럼 보였는데 이혼을 생각한다는 사실에 당황해했다. 직장 생활을 하는 은지 씨를 배려하여 어머니와 장모님은 교대로 반찬을 만들어 날랐고, 은지 씨도 쉬는 날이면 어머니, 장모님과 함께 셋이 잘 어울려 다녔다. 이런 모습을 보면서 승규 씨는 은지 씨가 자신보다 이 생활에 더 잘 적응하고 있다고 생각했다.

　승규 씨는 꽤 괜찮은 대학을 졸업했으나 몇 번의 진로 변경으로 또래에 비해 늦은 사회생활을 시작했다. 사실 취업까지도 녹록지 않았지만 실패할 때마다 곁에서 용기를 준 여자 친구가 있었기에 버틸 수 있었다. 그래서 안정된 직장에 취업을 하자마자 부모님에게 여자 친구의 존재를 알렸는데, 어머니는 여러 가지 조건이 맞지 않는다며 반대했다. 외동아들인 승규 씨는 부모님께 도전할 용기가 없어서 여자 친구에게 당분간 결혼은 어려울 것 같다고 양해를 구하며 사귀고 있었다. 그러던 중 어머니가 갑자기 은지 씨와의 결혼을 서두른 것이다.

　어머니는 아버지의 건강이 악화되어 은퇴를 계획 중인데 그 전에 결혼해야 한다면서 모든 조건에서 아들의 부족함을 메꿔줄 수 있는 배우자라고 은지 씨를 강하게 밀어붙였다. 승규 씨는 어머니가 '나와 여자 친구 중 한 명을 선택하라'고 강요하는 바람에 결국 여자 친구와 헤어지고 은지 씨와 결혼을 했다. 어차피 자신의 의지로 할 수 없는 결혼이라면 어머니 말대로 좋은 조건의 온화한 은지 씨가 제격이라고 생각했다.

부모님과 같이 있을 때는 며느리 역할을 잘하는 은지 씨가 가족 같은 느낌이 들어서 지낼 만했다. 그런데 단둘이 있게 되면 뭘 어떻게 해야 할지 어색하기만 했다. 인터넷이나 휴대폰은 그런 난감함을 해결해 주는 좋은 매체였다. 승규 씨는 "나는 은지 씨와 달리 이 생활에 적응하기 위해서는 시간이 좀 필요한데, 은지 씨가 그걸 이해하면서 기다려줬으면 좋겠어요."라며 말을 마쳤다.

나는 승규 씨와 대화하는 동안 스위스의 정신과 의사인 보베(D. Bovet)의 말이 자주 떠올랐다. 그는 미숙한 남편을 '어머니와의 정서적 결합이 지속되면서 아내를 어머니처럼 여기고, 아내와의 관계에서 전혀 주도권을 갖지 않으려 하는 남편'이라고 정의한다.

승규 씨는 나와 나눈 결혼 관련 대화의 대부분을 '부모님이 좋아하실 상대', '부모님이 좋아하실 결혼 생활' 등의 말로 일관하고 있었다. 은지 씨도 평생을 함께하면서 가정을 꾸려갈 파트너에 대해 충분히 알지 못한 채, 인자하고 편안한 시부모라는 배경만 보고 결혼을 결정했다. 행복한 가정생활을 하기 위해서는 성숙한 두 남녀의 만남이 필수 조건인데, 이 결혼은 그 같은 요건을 갖추지 못한 채 출발했으므로 어찌 보면 이미 예견된 어려움이었다.

나는 승규 씨의 이야기를 써내려가면서 그에게 '남편'이라는 호칭을 붙이지 않고 있다. 그것은 승규 씨에게서 심리적으로 부모로부터 분리되지 못한 채, 안이한 결혼 생활을 영위하는 어른 아이와 같은 느낌을 받았기 때문이다.

새롭게 출발하는 가족에게 중요한 과제는 두 남녀가 각자 출생한 가족으로부터 물리적, 심리적으로 독립하여 상대에게 헌신하면서 두 사람만의 세계를 만드는 것이다. 하지만 승규 씨의 3개월간 결혼 생활에서는 그 어디에서도 독립, 헌신, 노력의 흔적을 찾아볼 수 없었다.

서로의 마음을 헤아리는 충분한 대화가 필요하다

●

35세의 재원 씨는 3살 어린 아내와 결혼한 지 2년째다. 그는 '결혼 생활을 돌이켜보면 매일매일 아내의 비위를 맞춘 것이 전부'였다는 말로 그동안 결혼 생활이 힘들었다는 것을 강조했다. 최근에는 무기력감에 빠져 업무에도 차질을 빚을 정도였다.

부부는 외국계 화장품 회사에 근무하던 아내가 제품 관련 홍보 일을 재원 씨가 다니는 광고 업체에 의뢰하면서 사귀게 되었고, 결혼으로 이어졌다. 아내는 직업상 해외 출장이 잦았고, 국내에 있어도 귀가 시간이 늦었다. 대부분 아내보다 먼저 귀가하는 재원 씨는 설거지도 하고, 아내를 위해 간단한 식사도 준비했다.

처음에는 아내를 즐겁게 할 수 있다고 생각하여 나름대로 분위기도 연출하면서 즐겼으나 이런 일이 반복되고 빨래와 청소 같은 집안일을 도맡아 하게 되자 마음이 조금씩 불편해지기 시작했다. 사실 저녁 준비라고 해 봐야 즉석요리나 배달 음식 등이 대부분이어서 크게 어려운 일은 아니었지만, 쉬는 날에도 손가락 하나 까딱하지 않고 당연하게 여기는 아내의 태도 때문에 재원 씨는 점점 마음이 상했다. 가사 분담의 문제로 다투는 날도 많아졌다.

부부가 싸웠던 날이면 아내는 평소에 함께 출근하던 것도 거부한 채 먼저 나가버렸다. 그렇게 하루를 시작하게 되면 재원 씨는 어떻게든 풀어야 한다는 생각에 회사에서도 계속 카톡을 보내지만 아내는 전혀 반응하지 않았다. 퇴근 시간쯤 되면 '오늘은 몇 시에 와? 오빠가 맛있는 거 해놓을 테니 일찍 와'라는 메시지를 남기지만, 그런 문자를 보내면 평소보다 더 늦게 귀가하여 저녁도 거른 채 기다린 재원 씨를 허탈하게 했다.

사소한 말다툼이 냉전으로 이어지고, 또 그것을 풀기 위해 노력하는 일을 반복하면서 재원 씨도 서서히 지쳐갔다. 얼마 전 말다툼을 한 다음 날 아침, 재원 씨는 평소처럼 일어나서 아내의 마음을 달래기 위해 커피라도 내려야겠다고 생각했지만 생각과 달리 도저히 일어날 수가 없었다. 이날 이후 재원 씨는 심한 무기력감에 시달리게 되어서 상담실을 찾았다.

재원 씨는 상담을 통해 아내가 마음이 상하면 그것을 빨리 풀어야 한다는 조급함 때문에 한 번도 아내가 왜 마음이 상했을까에 대해서는 생각해 보지 못했다는 것을 알게 되었다.

아내의 부모는 아내가 17살 때 이혼을 했다. 아내는 부모의 이혼이 자신의 삶에 어떤 영향도 주지 못하도록 노력하면서 살았지만, 마음속에는 부모의 이혼 때문에 자신이 무시당할지도 모른다는 두려움을 가지고 있었다. 아내는 부부가 집안일로 첫 말다툼을 할 때 "넌 집에서 이런 것도 배우지 못했니?"라고 했던 재원 씨의 말이 비수처럼 느껴져 그 후 마음을 닫았다고 했다.

재원 씨는 자신은 기억조차 할 수 없는 말에 아내가 큰 상처를 받았다는 사실에 적지 않은 충격을 받은 표정이었다. 아내의 기분을 풀어주려고만 했을 뿐 '왜 그러지?'라는 생각은 하지 못했다고 반성했다.

이들은 부부 성생활에서도 어려움이 있었다. 2년간의 결혼 생활 동안 아내는 잠자리를 계속 거부하여 부부 관계를 한 것이 손에 꼽힐 정도였다. 재원 씨는 결혼 전에 자주 성관계를 했으며 서로 만족감도 높았기 때문에 어떻게 하면 그때로 되돌아갈 수 있을 것인가에만 집착했다.

나는 아내가 상담에 처음 와서 "전 결혼이나 출산에 대해 좋은 이미지가 없었어요."라고 했던 말을 떠올렸다. 아내는 이혼한 부모에 대한 원망과 분노의 감정, 현재 직장의 여건 등으로 임신에 대한 두려움이 컸고, 결혼 전과 달리 아이를 원하는 남편과의 부부 관계에 심리적인 부담감이 있다고 털어놓았다. 아내는 이런 고민을 말하면 남편이 이혼 가정의 자녀라는 편견을 가지고 자신을 볼 것 같아서 남편에게 자신의 감정을 표현해 본 적이 없다고 했다.

부모가 되겠다는 결심은 부부 어느 한쪽이 납득하지 못한 채로는 이루어질 수 없다는 점을 강조하면서 나는 이 문제에 대해 부부가 충분한 이야기를 나누도록 조언했다. 이들 부부와는 짧은 기간 상담을 진행했는데 주로 결혼 생활을 하면서 부부가 솔직히 말하지 못한 이야기를 나누도록 도왔다. 그렇게 대화를 통해 가사 분담이나 대화 방식에 대한 균형을 찾으면서 부부 관계는 빠르게 안정되었다.

재원 씨 부부를 만나면서 신혼기의 의사소통에 대해서 많은 생각을 하게 되었다. 스마트폰의 발달은 사람들의 의사소통 스타일을 편리하게 변화시켰는데, 그것이 과연 신혼기의 부부에게도 플러스일까? 모든 젊은 부부에게 일률적으로 적용할 수는 없겠지만, 적어도 재원 씨 부부에게 스마트폰은 의사소통의 걸림돌이 되었다고 생각한다. 카톡과 같은 SNS로 주로 소통하면서 서로 마주 보고 대화하는 시간을 확보하지 못했기 때문이다.

가족 전문가인 존슨(M. Johnson)은 부부 관계가 균형을 이루기 위해서는 합리적인 역할 수행과 공감적 의사소통, 신혼 생활에 대한 부부의 헌신이 중요하다고 보았다. 다른 전문가들도 부부간의 원활한 의사소통은 부부가 지속적으로 좋은 관계를 유지하기 위한 중요한 요인이라고 언급한다.

일반적으로 인간의 의사소통은 언어적, 비언어적 커뮤니케이션으로 구분한다. 정보 전달이나 사실을 확인할 때는 언어적 커뮤니케이션을 사용해도 큰 어려움이 없지만, 감정이나 미묘한 뉘앙스를 전달하기 위해서는 비언어적인 커뮤니케이션이 중요하다.

나는 공감적 의사소통 능력을 길러야 하는 신혼기에는 표정이나 몸짓으로 이해하는 비언어적 커뮤니케이션이 더욱 필요하다고 생각한다. 물론 최근 들어 SNS에서도 이모티콘처럼 비언어적인 커뮤니케이션을 추구하려는 노력이 있기는 하지만, 아직 사람들의 표정이나 억양을 통한 미묘한 감정을 반영할 수 있는 수준에는 이르지 못했다.

앞서 재원 씨 부부의 사례에서 '맛있는 거 해 놓을 테니 일찍 와'라는 문자만으로는 남편이 얼마나 관계를 회복하고 싶어 하는지가 충분히 전달되지 않는다. 오히려 문자는 상대방이 자기 편한 대로 이해하면서 오해할 개연성이 크다. 따라서 신혼기의 부부는 비언어적인 커뮤니케이션이 가능한 의사소통 채널이나 대면 시간을 늘려서 상대가 무엇에 기뻐하고 슬퍼하는지를 알아가는 노력을 해야 한다.

자녀의 탄생,
함께 나눠야 할 양육

육아는 젊은 부부에게 감당하기 어려운 과제이지만
혼자가 아니라 함께한다면 쉽게 번아웃되는 것을 막을 수 있다.

———————

자녀를 가진다는 것은 부부가 어른이 된다는 최후의 사인이다. 자녀가 생기면 대부분의 부부는 행복감을 느끼지만, 실제 상황에 닥치면 여러 가지 압력이나 불안을 느끼는 부분도 많다.

하나의 생명을 책임진다는 것은 사실 엄청난 부담이다. 특히 영유아기의 자녀는 전적으로 부모에게 의존하는 상태에서 출발하기 때문에 부모는 무거운 돌봄의 책임을 떠안아야 한다. 어린 자녀가 건강하게 성장하고 있는지, 부모로서 내가 어떤 과오를 범하고 있지는 않은지 등 걱정도 끝없이 이어진다.

자녀를 양육하기 위해서 부부는 많은 것을 포기하고 인내한다. 어린 자녀가 요구하는 바를 수시로 받아주다 보면 육체적으로도 많이 지치고 힘이 들게 마련이다.

여성의 경우 출산을 하고 어머니가 되면 자신의 분신이라고 여겨지는 아기를 진심으로 사랑하면서 삶의 기쁨을 양육에서 찾는다. 그러나 개인이나 사회의 가치관이 다양해지면서 양육에 의한 행복만으로는 만족하지 못하는 여성들도 늘어났다. 어머니인 동시에 사회인으로 일하고 싶어 하는 여성들은 자녀를 잘 키우면서 자신의 지식이나 경험을 사회에 기여하면서 느끼는 보람도 포기하고 싶어 하지 않는다.

남성의 경우 아버지가 되면 가장으로서 자신의 것을 나중으로 미루고 가족을 우선으로 생각해야 하는데, 어떤 남편들에게는 이것이 쉬운 일이 아니다. 남편은 아이를 주로 양육하는 아내의 복잡하고 불안한 마음을 잘 공감하지 못한다. 때로는 자녀에게 애정을 빼앗겨서 자신의 욕구가 충족되지 않는다고 생각하는 경우도 있다. 그러나 그보다 먼저 아내가 자녀 양육으로 심신이 모두 지쳐 있다는 점을 기억해야 할 필요가 있다.

자녀 양육은 생각보다 많은 시간과 노력이 필요한 일이다. 여기에서는 아이를 위해 자신의 직업 유지 여부를 고민했던 미영 씨의 이야기를 통해 여성에게 육아와 일이 어떤 의미인지 생각해 보고, 남편과의 육아 분담이 제대로 이루어지지 않아 번아웃을 경험하게 된 희연 씨의 이야기를 통해 노력 없이 저절로 부모가 되지는 않는다는 점을 살펴보고자 한다.

어떤 부모가 될 것인지 고민하고 선택하라

●

상담실을 찾은 미영 씨는 즉흥적으로 예약을 했다고는 믿어지지 않을 만큼 차분하게 자신의 이야기를 시작했다. 상담실에 오기 전 미영 씨는 소아정신과 의사로부터 5살인 딸 예지가 '반응성 애착 장애'라는 진단을 받았다. 의사는 적어도 일 년 이상의 놀이 치료가 필요하며 그동안 어머니는 전적으로 아이만을 돌봐야 한다고 조언했다. 병원 문을 나선 뒤 복잡해진 심경과 더불어 의사의 말을 재확인하고 싶어서 그 길로 상담을 예약한 것이다. 미영 씨는 지금까지의 차분했던 톤과는 달리 다소 떨리는 목소리로, 아이에게 어려움이 있다는 것도 충격적이지만 다시 직장을 쉬면서 아이를 돌봐야 한다는 것이 자신에게는 너무 힘든 일이라고 덧붙였다.

사실 나는 미영 씨가 아이의 문제 때문에 상담실에 오면서도 당사자인 예지를 데리고 오지 않은 것이 계속 마음에 걸렸다. 그러나 미영 씨의 말을 들으면서 아이를 위해 직장을 쉬어야만 하는지에 대한 조언을 듣고 싶어서 이곳을 찾았다는 생각이 들었다.

미영 씨는 '나쁘지 않은 평가를 받는' 정보 보호 전문가라고 자신을 소개했다. 겸손한 표현이었지만 태도는 자신감에 차 있어서 그 분야에서 인정받고 있는 유능한 커리어 우먼이라는 것을 느낄 수 있었다.

미영 씨는 출산과 더불어 1년간 휴직을 신청했다. 컴퓨터 관련 분야는 하루가 다르게 변해서 1년의 휴직을 결심하는 것은 쉽지 않았다. 그래도 주저하지 않고 선택할 수 있었던 것은 교사였던 어머니가 휴직까지 하면서 어린 시절 자신과 함께 해주었던 좋은 기억을 가지고 있었기 때문이다.

회사로 복귀하면서 지방에 계신 시어머니에게 어렵게 딸의 양육을 부탁드렸고, 2년 후에는 퇴직하는 어머니가 계신 친정 근처로 이사할 예정이다. 이렇게 많은 노력을 했는데 의사가 '양육자가 자주 바뀌어서 아이가 안정적 애착을 형성하지 못했다'고 할 때는 선뜻 동의하기 힘들었다.

예지는 어릴 때부터 다른 사람이 다가가면 두려워하고 불안해했다. 스스로 감정 표현을 잘 하지 않았고, 의욕이 없었지만 이것은 기질적인 문제라고 생각했다. 얼마 전 어린이집 교사가 자폐 성향을 의심하면서 진료를 권했는데, 그 판단에는 동의하지 않았지만 정확한 진단이 예지에게 좋은 일이라고 생각하면서 진료를 받았던 것이다.

나는 미영 씨와 함께 예지의 발달 과정을 살펴보던 중 잘 웃고, 표현력이 풍부했던 예지가 자신의 행동을 억제하면서 표정이 굳어지기 시작한 것은 어머니의 복직 이후의 일이라는 것을 알게 되었다. 미영 씨는 주위의 다른 여성들과 달리 '예전에는 일을 잘했는데 아이를 낳더니…'라는 말은 듣지 않겠다고 결심하면서 복직했던 당시를 떠올렸다. 아이의 엄마로서도, 직장인으로서도 인정받고 싶어서 많은 노력을 했다. 그러나 일과 양육을 병행하는 것은 생각보다 쉽지 않았고, 예지에게 항상 미안한 마음이 있어서 집에 들어서는 순간부터 아이와 함께하려고 노력했다. 예지와 함께하는 시간은 행복했고 하루의 피곤도 풀 수 있었지만, 아이는 한 번으로 만족하지 못하고 계속 놀아 달라고 보챘다.

집에 와서도 할 일이 많은 미영 씨에게 이런 예지의 태도는 큰 부담이 아닐 수 없었다. 현관문을 열면서 "예지야, 보고 싶었지? 이리 와."라고 말하지만, 동시에 '아, 오늘 밤에 처리해야 할 일이 많은데 계속 놀자고 하면 어떻게 하지'라는 생각이 머리를 떠나지 않았다. 그리고 속으로는 '날 너무 방해하지 말아줘'라고 생각하거나 때로는 아이가 와서 안아 달라고 해도 모른 척했다고 털어놓았다.

나는 이 말을 들으면서 베이슨(G. Bateson)이 주장한 '이중구속가설(double bind hypothesis)'을 떠올렸다. 그에 의하면 언어의 수준에서는 '이리 와'라는 명백한 요구를 하면서 비언어적인 수준에서는

'이리 오면 어떻게 해'와 같은 다른 메시지를 계속 보내는 양육자를 만나면 아이들은 이런 혼란스러운 메시지로부터 상처받지 않기 위해 아무런 반응을 하지 않는다는 것이다. 그리고 이 같은 의사소통이 반복되면 아이들은 어떤 것이 상황에 맞는 상호 작용인지를 구분할 능력을 갖추지 못해서 적절한 대인 관계를 맺기 어렵고, 사고나 정서 장애를 일으키기 쉽다고 했다.

아기가 태어나면 엄마가 담당해야 하는 일이 절대적으로 많아지는 것이 냉혹한 현실이다. 일과 육아를 병행하고자 하는 여성들에게는 가사 노동에 가정 밖의 일이 더해지는 셈이다.

자녀를 양육하는 커리어 우먼에게 가장 어려운 일은 시간적 제약이다. 자신만을 위해서 쓰는 시간은 꿈도 꿀 수 없고, 언제나 '무언가를 해야만 할 것 같은 초조함'에 쫓기듯 생활한다. 한정된 시간에서는 자녀를 돌보는 일이 우선순위가 되는데, 이때 많은 내담자들은 "내가 정말 이걸 원하는 것인가?"라고 반문해 본다고 한다. 이런 여성들의 심리가 나에게는 왠지 '소극적인 체념'처럼 느껴졌다.

나는 일과 양육에서 주는 만족감이나 행복은 어느 쪽을 선택하는 문제가 아니라 어떻게 병행할 수 있는지를 고민해야 하는 문제라고 생각한다. 자녀를 양육하는 대부분의 커리어 우먼들은 상반된 종류의 행복 사이에서 각각의 욕구를 타협하며 새로운 정체성을 만들어간다. 그래서 나는 미영 씨에게 전적으로 자신의 선택이 될 수밖에 없겠지만, 직장을 그만두고 예지를 키우는 경우라도 그것이 소극적인 체념이 되지 않았으면 좋겠다고 조언했다.

몇 주 뒤에 다시 상담실을 찾은 미영 씨는 파트 타임으로 일할 수 있는 중소기업체로 이직하기로 했다고 했다. 미영 씨는 "많이 고민해 봤는데, 전 이런 엄마밖에는 못 될 것 같아요. 이게 나와 아이에게 상처를 주지 않는 최선의 선택이라고 생각했어요."라고 덧붙였다. 이 말을 들으면서 각자의 상황에 따라 일과 양육에 대한 선택은 달라질 수 있지만 '이 순간 나는 이것을 선택했어'라는 미영 씨의 당당함이 앞으로 예지를 키우면서 일어날 수 있는 여러 가지 상황에서의 흔들림을 막아줄 것이라는 확신이 들었다.

육아의 무게는 부부가 함께 짊어져야 한다

●

40세의 희연 씨는 4살, 3살의 남매를 키우는 전업주부인데 자녀 양육이 버거워서 그냥 다 포기하고 싶은 마음이 하루에도 여러 번 들었다. 한참 손이 많이 가는 어린 자녀의 뒤치다꺼리를 위해서 아침 일찍 일어나 밤이 늦도록 허리도 펴지 못한 채 움직이다 보면 체력이 바닥났다. 그래서 최근 몇 년간 수면 시간이 절대적으로 부족해졌고, 몸이 힘들다 보니 아이들에게 수시로 화를 내어 아이들이 자신의 눈치를 보며 주눅이 든 것 같았다. 다행히 아이들이 다니는 어린이집 원장에게 이런 절박한 마음을 호소해서 공적 기관의 부모 심리정서지원 사업과 연계된 상담을 받을 수 있었다.

3살 연하의 남편은 프리랜서 웹디자이너로 일하고 있다. 일이 부정기적이어서 본인은 머리를 식히기 위해 잠시 하는 것뿐이라고 주장하지만 희연 씨가 보기에는 거의 대부분의 시간을 인터넷 게임으로 소일하는 것 같았다.

희연 씨네는 경제적인 여유가 있는 시아버지의 도움을 받으면서 생활하고 있었다. 이처럼 경제적으로 자립하지 못한 남편을 대신하여 희연 씨가 근처에 홀로 지내시는 시아버지까지 돌봐야 하는데 이것 또한 상당한 부담이었다.

알코올 중독 문제가 있는 시아버지는 2년 전 루게릭병으로 사망한 어머니를 살아생전에 많이 괴롭혔다. 남편은 어린 시절 아버지가 어머니에게 폭력을 휘두르던 장면을 아직도 잊지 못하여 아버지에 대한 원망과 분노의 감정이 그대로 남아 있었다. 그러나 장남이라는 책임감과 현재 아버지로부터 받는 경제적인 지원 때문에 관계를 완전히 단절하지는 못한 채 적당히 거리를 두고 싶어 한다.

시어머니가 돌아가신 후 시아버지는 술만 마시면 남편을 불렀다. 남편은 주사가 심한 아버지를 보고 싶지 않다며 희연 씨와 아이들만 보내는 등 아버지와의 관계를 아내에게 맡기고 있었다. 아이를 돌보느라고 시아버님을 챙기는 것에 조금이라도 소홀해지면 2명의 손위 시누이로부터의 비난이 거셌다.

나를 만났을 때 희연 씨는 이런 말을 하는 내내 눈물을 보였다. 그리고 지금 삶이 너무 힘든데 남편이 이해해 주려고 하지 않아 '모든 것을 포기하고 싶다'는 말을 여러 번 했다.

남편은 아버지를 닮지 않으려고 술, 담배를 하지 않을 정도로 가정에 대한 책임감이 강하며 아이들에 대한 애정도 많다. 그런데 아이들에게 '우리 공주님, 아빠가 사랑해' 등의 말로 애정을 표현할 뿐 행동으로는 아무것도 하지 않는다. 또 기회가 될 때마다 아이들의 자존감을 높이는 말들을 잊지 않지만 희연 씨가 요구하지 않으면 아이들과 놀아주지도 않는다. 하나를 해주면 하나를 얻고 싶어 하기 때문에 희연 씨는 남편에게 부탁하는 것보다 차라리 혼자 해결하는 것이 속이 편하다고 했다.

결혼 전, 정규직은 아니었으나 방송 관련 일을 했던 희연 씨는 한동안 재취업을 위한 자격증을 준비했었다. 한시도 눈을 뗄 수 없는 연령의 아이들 때문에 시간이 절대적으로 부족했던 희연 씨는 남편에게 도움을 청했다. 그런데 도움은커녕 '젊은 애들과 경쟁해야 하는데 해도 안 될 것 같은데…'라는 부정적인 말만 들었다. 육아 때문에 자격증 준비를 포기할 수밖에 없었을 때도 남편은 자신의 예상이 맞았다는 듯이 말해서 또다시 희연 씨에게 상처를 입혔다.

사실 재취업을 하려고 했던 가장 큰 이유는 남편에게 있었다. 사소한 집안일을 부탁하면 '집에서 애만 보면서', '나도 밖에서 부당한 대우를 많이 받지만 가족을 위해 참는다'고 생색을 내며 무시하는 남편의 태도에 자존심이 상했다. 마음속으로는 '그 정도 돈벌이면 내가 나가서 벌 테니 당신이 아이들을 봐!'라고 외치고 싶었지만 차마 입 밖으로 꺼내지는 못했다.

이렇듯 남편이 자신의 마음을 전혀 이해하려 하지 않기 때문에 아이를 키우는 사소한 문제로 거의 매일 싸우고, 서로를 비난했다. 희연 씨가 남편에게 기대하는 것은 나중에 잘해 주겠다는 약속이 아니라, 현재 내가 얼마나 과부하가 걸렸는지를 이해하고 지금 작은 일을 함께하는 것이었다.

한국의 가족 문화가 빠르게 변화하면서 가족 관계에도 여러 가지 혼란이 발생하는데, 나는 이 같은 혼란을 잘 드러내는 것이 육아 문제라고 생각한다. 아직 시작 단계이기는 하지만 육아가 전적으로 여성의 몫이라고 생각했던 이전과 달리 이제 우리 사회에서도 남성의 육아 참여가 늘고 있다.

실제로 아내가 직업을 가지고 있는지 여부와 상관없이 남편들이 어느 정도 육아를 분담하는 것은 아버지와 자녀 모두의 성장에 도움이 된다. 남편은 육아 활동을 통해 부성을 몸으로 익힐 수 있으며, 어린 유아는 어머니 이외의 어른과 사귈 수 있는 기회가 되기 때문이다.

그러나 남성들의 육아 활동은 아직 초보적인 수준이어서 현실적으로는 '낮은 책임'을 져야 한다는 이유로 어머니가 일명 '독박 육아'를 하게 되는 경우가 많다. 이 같은 의무에 수반된 스트레스에 압도되어 산후우울증(maternal blue)과 같은 정서적인 어려움을 겪는 젊은 엄마들도 있다.

한 가닥의 실을 계속 잡아당기면 그 줄은 끊어질 수밖에 없지만, 여러 가닥의 실이 뭉쳐 있다면 당기는 힘이 강해도 좀처럼 끊어지지 않는다. 육아는 젊은 부부에게 감당하기 어려운 과제이지만 혼자가 아니라 함께한다면 쉽게 번아웃되는 것을 막을 수 있다.

사람들은 대부분 누군가가 감당하기 어려운 부담을 짊어지고 있으면 함께 나누는 것이 바람직하다고 생각한다. 그러나 이런 당연하고 평범한 진리가 가정생활에서는 잘 지켜지지 않는다.

가사 노동에 지친 어떤 어머니가 상담에 오셔서 가족들이 자신을 '능력 있는 가사 도우미' 정도로 생각하는 것 같다고 한탄했던 기억이 있다. 가족 한 사람만의 헌신으로 이루어지는 가정은 마치 한 가닥의 실과 같아서 예기치 않은 상황이 발생하면 버텨낼 힘이 없다.

희연 씨의 이야기를 들으면서 내 머릿속에는 아내의 희생에 고마움을 느끼지 못하는, 마치 좋은 호텔에서 룸서비스를 받는 투숙객 같은 희연 씨 남편의 모습이 그려졌다. 어쩌면 그는 육아를 자신의 형편이 가능할 때나, 아내가 감당하기 힘들어할 때 잠시 도와주는 아르바이트 정도로 생각하고 있는 것은 아닐까?

나는 가족 전체가 행복하기 위해서는 남편들이 자신을 육아를 도와주는 사람이 아니라, 육아를 하는 사람으로 인식하는 것이 필요하다고 생각한다. 물론 사회생활을 하는 남편이 현실적으로 양육에 많은 시간을 할애하기는 쉽지 않다. 그러나 '나도 육아를 하는 사람'이라는 의식을 남편이 가지고 있다면 "애쓰는 걸 알고 있어. 정말 대단해, 고마워."라는 말을 아내에게 자연스럽게 건넬 수 있지 않을까.

사춘기 자녀,
내 아이가 변했다

청소년기의 가정생활을 원만하게 유지하기 위해서는
문제 해결을 위한 가족 간의 개방된 의사소통이 중요하다.

가정에 두 명 이상의 자녀가 생겨나면 형제자매 체계가 생겨나고
가정생활이나 부모의 역할에도 여러 가지 변화가 찾아온다. 발달적
상호 작용이라는 점에서 보면 태어난 자녀의 성장, 그것에 대한 아
버지와 어머니의 대응, 부모 자녀의 관계가 어우러져 다양한 변화가
일어나는 것이다.

상담실에서 경험하는 대부분의 부모 자녀 문제는 엇갈림에 의한
문제들로, 부모와 자녀 각각의 생각이 대립되는 것에서 비롯된다.
자신의 감정을 부모와 공유하지 못할 때 자녀들은 '엄마는 어떤 말
을 해도 아니라고 할 거야', '무슨 말을 해도 소용없어'라는 고정관
념을 가진 채 의심과 불안으로 대립하는 구도를 만들어간다.

사춘기 자녀의 문제로 상담을 온 부모들은 지금 일어나고 있는

문제를 아이의 부적응 행동으로 이해하고 싶어 한다. 그러나 아이가 보이는 문제는 부모가 부모의 역할을 제대로 하지 못한 것에서 비롯된 경우가 많다.

부모가 자녀를 강압적으로 대하거나, 형제자매 중 한 자녀를 편애할 때 그들의 문제는 표면으로 드러나게 된다. 얼핏 보기에는 풀기 어려운 문제처럼 보인다. 그러나 현재의 어려움을 직시하면 그들의 관계는 의외의 반전을 맞이하기도 한다.

여기에서는 자녀의 일탈 문제로 상담에 왔지만 상담을 하면서 아이의 문제 행동 이면에 부모 자신들의 편애와 강압이 있었다는 사실을 알게 된 사례들을 소개한다.

부모의 편애는 아이들을 멍들게 한다

●

서은 씨는 대학교 1학년과 고등학교 1학년인 두 딸의 엄마다. 별사고 없이 순조롭게 대학에 입학한 큰딸과 달리 작은딸은 학교에서 크고 작은 여러 가지 문제를 일으켜서 서은 씨는 수시로 학교에 불려 다녀야 했다.

작은딸은 중학생 때도 상담을 받은 경험이 있지만 별로 달라지는 것이 없었다. 그러다 이번에는 학교폭력 사건을 일으켰다. 다행히 큰딸의 담임이었던 부장 교사가 많은 애를 써줘서 외부 기관에서 열 번 이상의 상담을 받는 조건으로 학교폭력대책 자치위원회에 회부 되지는 않았다.

당사자인 소영이는 자신은 잘못한 게 없으니까 필요하다면 엄마가 가서 받으라며 상담을 거부하여 어머니만 상담실에 왔다. 어머니는 너무 변해 버린 지금의 소영이가 무섭다는 말로 이야기를 시작했다.

갓난아이 때 큰딸과 달리 한밤중에 안아 달라고 보채는 바람에 남편과 많이 다투긴 했지만 소영이는 다른 집 아이들에 비해 큰 문제가 있는 아이는 아니었다. 그러나 뭐든지 빨리 잘하는 큰딸과 달리 모든 게 느렸고 결과도 좋지 않았다. 그래서 소영이는 어릴 때부터 언니보다 예쁘지 않고, 능력 면에서도 자신이 뒤떨어진다고 생각하여 자존감이 낮았다. 또래 관계에서도 친구들의 비위를 맞추는 다소 위축된 아이였다.

그런데 중2 초의 왕따 사건 이후 아이가 완전히 달라졌다. 어느 날 소영이는 여자아이들에게 이유도 없이 맞았다며 담임 선생님께 학폭위를 열어 달라고 요구했다. 학기 초여서 문제를 크게 만들고 싶지 않았던 선생님은 서은 씨에게 전화를 해 위원회가 개최된 이후 일어나는 모든 상황에 대한 책임을 져야 한다고 말하면서 우회적으로 아이를 말려 달라는 뜻을 전했다.

서은 씨는 딸에게 '참으라'고 했고, 아이는 내가 맞았는데 그 애들 편을 드느냐고 섭섭해하면서 화를 냈다. 이 일로 여러 날 모녀가 다투자 아버지도 나서서 '네가 강해야지, 왜 맞고 들어오느냐'고 훈계를 했다. 그러던 중 아이가 격렬히 반항하자 아버지는 소영이의 뺨을 때렸다.

소영이는 평소에도 '아빠는 날 사랑한 적이 없다. 얼굴도 예쁘고 공부도 잘하는 언니만 예뻐한다'고 투덜댔는데, 그 사건이 기름을 부은 격이 되었다. 아빠의 바람대로 나는 살아남기 위해 거칠어질 거라고 말하면서 드러내고 나쁜 짓을 했다.

평소 언니에 비해 예쁘지 않다는 외모 콤플렉스를 가지고 있던 소영이는 나쁜 아이들과 어울리면서 진한 화장을 하기 시작했다. 언니가 학생에게 어울리지 않는 화장이라고 지적하자 언니 면전에서 스스럼없이 담배를 피우면서 "이런 것도 못하는 주제에 잘난 척은…"이라고 거칠게 대들었다. 어느새 소영이의 일탈은 가족이 통제할 수 있는 범위를 넘어섰고, 그때부터 집요하게 언니를 괴롭히기 시작했다.

소영이가 전문 대학원 입시를 준비 중인 언니의 심기를 건드릴 때마다 서은 씨는 애가 탔다. 소영이가 달라진 뒤 두 아이의 싸움을 수습하려고 개입하면 싸움이 더 커지면서 불똥이 튀어 서은 씨 또한 소영이에게 험한 말을 들어야 했다. 자신의 형제들과 관계가 소원한 남편은 자매의 갈등을 아내만큼 심각하게 받아들이지 않았고, 공부 잘하는 큰딸을 대놓고 편애했다.

소영이를 처음 만났을 때, 소영이는 나에게 '집에서는 가구 같은 존재'라고 자신을 소개했다. 한 번도 아빠한테 인정받지 못해서 가족이라는 느낌이 없으며, 자기 마음을 좀 알아 달라는 몸부림으로 심한 욕설까지 해도 가족들은 내가 어떤 생각을 하는지, 뭘 힘들어 하는지에는 전혀 관심이 없다고 말하며 눈물을 흘렸다. 그리고 '난 언니가 너무 미워서 내가 할 수 있는 모든 방법으로 복수를 했는데, 그게 모두를 더 화나게 한다는 것도 잘 알고 있다. 난 언니가 원하는 전문 대학원을 진심으로 떨어졌으면 좋겠다'고 말하면서 언니에 대한 거부감을 강하게 표현했다.

막내로 태어나 가정에서 사랑을 많이 받고 자랐으며, 지금도 어려울 때는 언니들로부터 물심양면 도움을 받고 있는 서은 씨는 이런 말을 들을 때마다 마음이 편하지 않다. 자매는 사이좋게 자라야 나중에 서로 힘이 된다고 생각하는 서은 씨는 아이들이 싸울 때마다 빨리 화해시키려고 하는데, 그게 오히려 싸움을 크게 만든다는 것을 알면서도 개입하게 된다.

이번에도 사소한 일로 싸운 아이들이 일주일이 넘도록 서로 말을 하지 않아서 어떻게든 화해시키려고 했지만 뜻대로 되지 않았다. 큰 딸의 시험이 얼마 남지 않았는데, 그 전에 화해를 시켜 편안한 마음으로 시험을 치르게 하고 싶었던 것이다.

자매간의 갈등이 벌어지면 즉각적으로 개입하여 중재에 나선다는 서은 씨의 이야기를 들으며 두 아이의 사이에서 양팔을 벌리고 서 있는 엄마의 이미지가 떠올랐다. '두 아이가 양쪽에서 잡아당기니 서은 씨가 무척 힘이 들었겠구나' 하는 생각과 동시에 '이것이 자매들끼리의 직접적인 소통을 막고 있구나' 하는 생각도 지울 수 없었다. 다소 불안하다 해도 과감히 손을 내리고 둘이 서로 마주 볼 수 있게 해주는 것이 부모의 역할인 것이다.

어린 시절 형제자매 간의 갈등을 건강하게 해결해 보지 못한 부모들은 자신의 자녀들이 갈등할 때 그것을 어떻게 유연하게 대처해야 하는지 잘 모르는 경향이 있다. 서은 씨가 소영이의 여러 가지 문제 행동을 상세하게 설명했을 때, 나는 융이 제창한 '카인 콤플렉스'를 떠올렸다. 그것은 부모의 애정을 둘러싼 형제자매 사이의 갈등이나 미묘한 감정을 의미하는데, 성경의 창세기 4장에 등장하는 카인과 아벨의 이야기를 기반으로 하고 있다.

카인과 아벨은 아담과 이브의 아들로 형 카인은 땅을 경작하고, 동생 아벨은 양을 쳤다. 시간이 지나 카인은 땅에서 경작한 것을, 아벨은 양의 첫 새끼를 여호와에게 제물로 바쳤는데, 여호와는 아벨의 제물을 받았다. 카인은 여호와에게 사랑받지 못한 증오심 때문에 아벨을 살해하여 인류 최초의 살인자가 된다. 그런데 여기서 중요한 것은 아벨은 카인이 가진 증오심에 어떤 원인도 제공하지 않았다는 점이다. 융은 이처럼 차별적인 부모의 애정으로 인한 고통스러운 경험이 형제자매와 같은 또래의 관계에도 투사되어 심리적 갈등, 경쟁심, 질투심을 가지게 한다고 보았다.

어쩌면 우리가 이런 형제자매 간의 갈등을 이야기하는 마지막 세대일지도 모른다. 형제자매의 수가 대여섯 명이던 시절에는 부모의 애정을 얻기 위한 이른바 '생존 경쟁'을 하지 않을 수 없었다. 그러나 평균 출생률이 두 명 미만인 지금, 앞으로 형제자매의 갈등 문제는 고도 성장기에 어린 시절을 보낸 부모 세대의 유산으로 남을 확률이 높다.

개인적으로는 이런 현실이 무척 아쉽다. 누구나 살아가면서 다양한 콤플렉스나 갈등을 경험하게 되는데, 가정이라는 안전지대에서 형제자매를 통해 이것을 경험하고 해결하는 방법을 배우는 것이 가장 바람직하다고 생각하기 때문이다.

서툰 의사소통이 부모 자녀 사이의 골을 깊게 한다

●

우울과 불안증세 때문에 방문한 고등학교 1학년인 하준이와 부모는 어긋나서 좀처럼 움직이지 않는 톱니바퀴 같았다. 하준이는 중2 때 외고 진학 준비 문제로 어머니와 큰 갈등이 있었는데, 부모는 결국 아이의 고집대로 일반고에 진학했기 때문에 모든 게 괜찮아졌다고 생각했다. 그런데 최근 어머니가 다시 공부에 관한 이야기를 꺼내자 아이는 크게 반발했다.

하준이는 부모의 강압적인 태도에 상처를 받아서 우울증에 걸렸다며 자기 방의 문을 잠가버렸다. 어머니는 문을 잠그면 마음을 놓을 수 없으니까 문만은 열어놓으라고 부탁했다. '엄마가 이런 식으로 강요할 때마다 또다시 자해하고 싶은 충동이 생긴다'고 울먹이는 하준이를 보면서 어머니는 문제의 심각성을 깨닫고 상담을 받기로 했다.

하준이는 상담을 하는 동안 '부모는 언제나 나에 대해 부정적이다', '내 말을 제대로 들은 적이 없다'고 부모를 비난했다. 이 말을 들은 부모는 '아이가 도대체 무슨 생각을 하는지 모르겠다. 우리가 아이를 강압적으로 몰고 갔다고 하는데, 그저 부모로서 걱정했을 뿐이다'라고 말했다.

부모가 하준이를 걱정하는 것은 중2 때 외고 진학 문제로 부모와 심하게 다툰 후에 한동안 등교 거부를 했기 때문이다. 이 시기에 하준이는 어머니가 조금만 야단을 쳐도 자해를 하거나 가출을 해서 부모를 힘들게 했다.

하준이는 초등학교 때 학교를 대표해 경시대회에 출전할 정도로 공부를 잘하는 아이였다. 그런데 열심히 준비하여 출전한 경시대회에서 좋은 결과를 얻지 못하자, 점점 학습에 대한 의욕을 잃어갔다. 그래도 상위권의 성적을 유지했기 때문에 부모는 내심 많은 기대를 가지고 있었다.

그러던 하준이가 중1 때 갑자기 게임 일러스트레이터가 되겠다며 관련 학원에 다니고 싶다고 졸랐다. 당황스러웠지만 반대를 하면 하준이의 반발심이 더 커질 것 같아서 어머니는 관련 학원을 찾아서 등록을 했다. 하준이가 이런 진로를 선택하지 않았으면 좋겠다고 생각한 부모는 미술은 타고난 재능이 있어야 할 수 있으며, 요즘은 미술로 밥벌이가 어렵다는 점을 기회가 있을 때마다 돌려서 말했다.

부모의 그런 회유 때문인지는 알 수 없지만 하준이는 한 달 만에 스스로 학원을 그만두었다. 그러나 하준이의 말에 의하면 이 일은 겉과 속이 다른 부모를 믿을 수 없다는 확신과 함께 자신은 언제나 실패만 한다는 패배감을 갖게 되는 계기가 되었다고 했다.

외고 진학을 권유하는 부모의 뜻을 강하게 거부하고 난 뒤 하준이의 생활 태도는 180도 변했다. 흡연을 비롯한 크고 작은 문제들이 있었지만, 초등학교 교사였던 어머니 입장에서는 등교 거부가 가장 큰 어려움이었다. 원칙을 중요하게 여기는 어머니와는 사사건건 부딪쳐서 문제가 생길 때마다 아버지가 관여하여 수습했다. 그전까지는 비교적 너그럽고 허용적이던 아버지도 이런 일이 반복되면서 현재는 하준이에 대한 믿음이 없는 상태다.

부모의 입장에서 보면 요란한 사춘기를 거치고 힘들게 중학교를 마친 하준이는 현재 일반고에 다니면서 지난날 자신이 한 실수를 만회하고자 노력하고 있었다. 그러나 이미 하준이에 대해 많이 실망한 부모는 하준이가 어떤 목표를 말할 때마다 그 목표가 현실적이지 않다고 말하며 하준이에게 좀 더 구체적인 목표를 갖도록 조언했다. 이때마다 하준이는 자신을 100% 지지해 주지 않고, 자신이 과거로 되돌아갈 것만 걱정하는 부모에 대해서 원망하는 마음이 들었다.

나는 먼저 하준이 부모님에게 부모 자녀의 현재 관계를 변화시키려고 애쓰지 말고, 자신들의 마음의 상처를 치유하면 그것이 조용한 파문을 일으키면서 자녀와의 관계에도 변화가 일어난다고 조언했다. 이런 과정을 통해 하준이의 부모는 대부분 자신의 열등감이나 피해 의식, 부부 관계의 갈등을 벗어나기 위해 자녀에게 걸었던 지나친 기대가 자녀와의 신뢰 관계를 맺는 데 방해되는 요소였음을 깨닫게 되었다. 이런 마음의 상처는 대부분 자신의 기분을 가족들에게 솔직히 말하지 못하거나, 자기가 생각하고 있는 것과 다른 말을 해 버리는 바람직하지 않은 의사소통의 형태로 드러난다.

가족 상담에서는 전통적으로 의사소통을 중요시하는데, 윈(L. Wynne)은 특히 청소년기 가족들에게는 건강한 의사소통이 중요하다고 강조했다. 그런데 청소년기의 자녀와 부모 사이에는 어떠한 사물이나 사건에 대해 서로의 생각이 다르다고 판단하는 '사회인지적 갈등(socio-cognitive conflict)'이 있어서 의사소통에 어려움이 있을 수밖에 없다. 다시 말하면 세대 차에 따른 소통의 어려움이다.

언젠가 미국 〈유에스 투데이〉의 신문 기사에서 '좋은 부모가 되기 위한 10계명'을 읽은 적이 있다. 부모 자녀 관계에 필요한 것들을 잘 정리하고 있어서 오래전 기사이지만 자주 인용하고 있다.

1. 자녀의 좋은 재능을 강조하라.
2. 자녀를 비난하지 않으려고 노력하라.
3. 자녀와의 권력 투쟁을 피하라.
4. 자녀가 당신이 기대하는 최소한의 것을 했을 때 훌륭하다고 칭찬하라.
5. 사과를 배우라.

6. 지나치게 돕지 말라.

7. 자녀의 능력을 격려하라.

8. 자녀에게 손을 빌려줘야 할 때를 파악하라.

9. 질문을 하라.

10. 많은 신체 접촉을 하라.

위의 10계명을 통해서도 알 수 있듯, 자녀와 좋은 관계를 맺기 위해서는 원활한 의사소통이 매우 중요하다.

나는 하준이네 가족과 상담을 할 때 자녀와 부모 사이에 어떤 의사소통의 패턴이 있는지에도 주목했다. 자신이 어떤 이야기를 해도 부모가 믿어주지 않는다는 하준이의 생각이 이 가족의 의사소통에 가장 큰 걸림돌이었다. 그래서 상담의 많은 시간을 비난이나 회유 위주인 부모의 의사소통 방식을 개선하고자 애썼다. 부모가 지금까지와는 다른 형태의 의사소통을 한다면 하준이의 입장에서는 '이제 부모가 내 말을 들어주는구나'라고 생각하여 부모와의 대화를 늘릴 수 있을 것이라는 판단 때문이었다.

청소년기는 개인의 발달 측면과 부모 자녀 관계의 측면에서 심리적 변화를 많이 경험하는 시기로 부모 자녀 간의 대화가 점점 줄어들며 세대 간의 의견 차이도 심해지는 것이 일반적이다. 따라서 청소년기의 가정생활을 원만하게 유지하기 위해서는 문제 해결을 위한 가족 간의 개방된 의사소통의 중요성을 깨닫고, 이를 실천할 필요가 있다.

노년과 죽음,
황혼을 위한 준비

좋은 생의 마무리는 사후가 아니라
죽음을 향해 가는 살아 있는 동안에 해야 한다.

————

결혼으로 출발한 가족생활 주기는 부부가 노년을 맞이하면서 가족 발달의 마지막 단계로 접어든다. 이 시기의 키워드는 '상실'이다. 자식들은 장성하여 품을 떠나고, 노화가 진행되면서 의사소통이나 운동 능력이 저하되고, 경제적인 능력도 떨어진다. 은퇴로 인해 사회적으로 의미 있는 역할의 참여가 줄어들면서 지금까지 맺어왔던 사회적 인간관계도 축소된다. 따라서 부부의 기능을 유지하는 것이 다른 시기보다 더욱 중요하다. 지금까지의 패턴에서 벗어나 새로운 생활 형태를 필요로 하기 때문에 부부 관계 재적응이 이 시기의 중요한 과제이기도 하다.

또한 노년은 배우자나 자신의 죽음을 마주하는 시기이기도 하다. 사람마다 죽음에 이르는 과정은 다양하다. 어느 날 갑자기 불치병에 걸려 단기간에 생을 마감하는 경우도 있고, 오랜 시간에 걸쳐서 서서히 죽음을 맞는 경우도 있다. 그리고 그 어떤 경우라도 사람들은 대부분 자신의 삶을 되돌아본다.

다양한 상담 과정을 통해 죽음에 대해 어느 정도는 이해할 수 있게 되었지만, 여전히 나 또한 죽음과 관련해서는 모르는 것이 많다. 황혼의 길목에서 찾아오는 다양한 상실을 어떻게 준비하고 받아들여야 하는지 아래의 사례들을 통해 함께 고민하고자 한다.

행복한 노후를 위한 부부의 마지막 단계

●

IMF 이후 황혼 이혼의 수는 꾸준히 증가하고 있다. 인생 말년에 이혼하는 것에 대한 편견이 있었고, 경제적으로도 독립하기 어려웠던 이전과 달리 2000년 이후에는 여성이 밖에서 일할 기회가 늘면서 황혼 이혼의 수가 증가하고 있다.

상담실에서도 이혼 의지를 밝힌 중년 이상의 여성들을 몇몇 만났다. 그들은 이구동성으로 생각보다 일할 곳이 많아서 '구차하게 남편에게 빌붙어 살고 싶지 않다'고 했다. 매스컴에서 황혼 이혼에 대해 긍정적으로 표현하는 것을 보면서 '나도 자유롭게 살고 싶다'는 마음이 생겼다고 했다. 그렇게 황혼 이혼의 문제로 상담실을 찾은 사람들의 이야기를 듣다 보면, 결혼 초기부터 자녀들이 떠난 이후의 삶에 대한 준비를 하지 않았기 때문에 오는 어려움과 관련된 문제라는 생각이 들었다.

오랫동안 남편 주도의 가정생활을 해오던 한 60대의 여성이 이혼을 결심했다. 명애 씨는 상담에서 은퇴한 남편과 지금보다 더 오랜 시간 함께 있어야 한다는 사실이 이혼 후 느끼게 될 고독감보다 더 힘들 것 같다고 말했다. 명애 씨는 3개월 전 집을 나온 뒤 이혼을 강력하게 요구하여 집안 식구 모두를 당황하게 만들고 있었다.

살림 잘하는 착한 며느리이자 아내, 엄마였던 명애 씨는 그동안 살면서 딱 한 번 3일 동안 가출하여 큰딸네 집에 머문 적이 있었다. 그때는 자녀들의 중재로 남편이 사과하면서 다시 집에 들어갔다. 남편 호근 씨는 자녀들이 사과하라고 해서 사과도 했기 때문에 그때의 해프닝은 잘 정리되었다고 생각해 왔다. 그런데 이번에는 꿈에도 생각하지 못한 '이혼'이라는 말에 당황했다.

명애 씨는 '지금까지 집안의 일을 내가 전부 해왔는데 감사는커녕 명령만 한다. 퇴직하고 매일 집에 함께 있으니까 숨이 막힌다'고 말했다. 그리고 '남편은 여전히 변한 게 하나도 없어서 같은 일을 반복하고 싶지 않다'며 주위의 설득을 완강하게 거절했다.

호근 씨는 냉정하게 생각해 봐도 자신이 아내에게 배척당할 만한 막돼먹은 가장은 아니었다고 했다. 살면서 여자 문제로 가정에 분란을 일으킨 적도 없으며, 도박이나 술은 물론 담배도 피워본 적이 없다. 평생을 같은 시간에 출근하여 회사가 끝나면 곧바로 집에 와서 취미 생활인 베란다의 화초를 돌보는 것이 일상이었다. 그동안의 결혼 생활에서 큰 사건이라고 할 만한 것을 떠올려보려고 애를 써도 전혀 생각이 나지 않을 정도다. 굳이 찾아야 한다면 3년 전 자신이 다리 골절로 수술을 한 것인데, 그때 아내는 자신을 헌신적으로 돌봐줬다.

나는 이런 호근 씨의 자부심에 찬 이야기를 들으면서 머릿속에 '0'이라는 기준점에 거의 겹쳐지듯 나란히 그어진 평행선이 떠올랐다. 그리고 명애 씨의 '숨이 막힌다'는 느낌이 어떤 것인지 조금은 이해할 수 있었다.

심리학자 홉스(N. Hobbs)는 심리적으로 건강한 사람은 자신이 어떻게든 해낼 수 있는 목표를 추구한다는 의미로 '자신이 대처할 수 있는 어려움(just manageable difficulty)'이 심리적 건강의 바로미터라고 말했다. 이 말은 스트레스가 없는 일상보다 대응할 수 있는 정도의 스트레스는 오히려 있는 것이 건강에 좋다는 뜻이다. 명애 씨의 문제는 결혼 생활의 위기에서 비롯된 것이 아니라, 생활에 별다른 자극이 없는 지나친 단조로움에서 오는 불편함인 듯했다.

자녀를 포함한 주위 사람들은 명애 씨의 고집을 이해하기 어려웠다. 아버지가 '남자는 밖, 여자는 집안'이라고 생각하는 전형적인 가부장적 사고를 가지고 있어서 자기만 옳다고 주장하고 여자에 대해 배려가 없는 것은 사실이다. 그러나 살아오는 동안 누구보다 성실한 가장이었다는 것을 부인할 사람은 없었다.

명애 씨는 남편이 자신을 무시하고 말을 함부로 하여 종종 수치심을 안겨줬다고 했다. 자식들은 60대 중반에 들어선 어머니가 결혼 초부터 늘 그래왔던 것을 이유로 새삼스럽게 더 이상 함께 살 수 없다고 고집을 피우는 것을 이해하기가 어려웠다.

명애 씨에게 신임을 얻고 있는 사위가 나서서 '지금까지 잘 참고 사셨는데 조금만 더….'라고 설득하자, 명애 씨는 '사람들은 이 나이에 새삼스럽게라고 말할지 모르겠는데, 이 나이니까 더 늦기 전에 꼭 자유롭게 살고 싶다'는 절박함을 드러냈다. 이 말을 들은 큰딸 부부는 더 이상 어머니에게 참으라는 설득을 하고 싶지 않았다. 그리고 어머니의 이혼까지 염두에 두고 전문가의 도움을 받고 싶다는 마음으로 상담을 신청해줬다.

명애 씨는 남편과 함께 있으면 그동안의 억울함이 되살아나 화병이 날 것 같아 자신은 살기 위해서 이혼을 해야 한다고 말했다. 남편이 하라는 대로 순종하며 살았고, 말없이 집안일을 도맡아 충실하게 해왔지만 삶이 기쁘지 않고 오히려 덧없다는 생각이 들었다. 그래서 막내아들을 결혼시키면 남편과 헤어지려고 결심을 했다는 것이다.

호근 씨는 아이들이 성장하고 독립했으니 이제는 아내와 행복한 노후를 보내고자 하던 참이었다. 그런데 지금까지 아무 문제없이 생활했다고 믿었던 아내가 불만과 불편함을 토로하면서 이혼을 주장하는 상황이다. 호근 씨 입장에서 보면 이것은 또 다른 상실일 것이다. 그는 아내와 대화를 시도하면 아내는 젊은 시절 힘들었던 부분을 이야기하는데 이제 와서 내가 어떻게 해야 할지 모르겠고, 아내와 기탄없이 대화가 되었으면 하는 마음이 있다고 호소했다.

나는 호근 씨와 명애 씨를 만나면서 이들이 노년을 어떻게 받아들이고, 어떤 노후를 원하고 있는지에 대해 구체적으로 나눌 수 있는 기회를 제공하려고 노력했다. 그리고 그들의 기대에 자원이 되는 자녀들의 이야기를 더함으로써 심리적 안녕을 갖도록 도왔다.

건강한 부부가 되기 위해 가장 필요한 요소는 대화라고 생각한다. 부부 사이에 서로 대화가 없으면 이 사람과 함께하고 싶다는 생각이 들지 않는다. 또한 부족한 대화 때문에 파트너를 잘못 이해하는 경우도 많다.

결혼 초기에는 서로 일어난 일이나 생각을 잘 나눴던 부부들도 결혼 생활이 길어지면서 점차 대화를 나누지 않게 된다. 호근 씨는 앞으로 100세까지 함께하기 위해 젊은 시절 아내와 마음을 나눌 수 있는 무언가를 준비했어야 했다. 이런 노력을 통해서만이 나이 든 부부의 아름다운 황혼이 보장될 것이다.

생의 끝자락에서 남기는 사과

●

'의미 있는 삶'을 살기 위해 '생을 어떻게 마무리할 것인가'에 대한 사회적 관심이 높아지고 있다. 삶과 죽음은 연속선상에 있으니 죽음을 잘 맞이한다는 것은 잘 살아왔다는 것과 맞닿아 있다.

실존 심리 치료사인 얄롬(I. Yalom)은 '죽음을 바라보는 것', 즉 죽음의 공포를 언어화할 것을 강조하였다. 나는 어린 시절 어떤 책에서 프로이트(S. Freud)가 '나는 돌연사를 원하지 않는다. 암에 걸려도 조금씩 쇠약해져가면서 죽음이나 아픔을 바라보고 싶다'고 했다는 요지의 글을 읽고 매우 공감했었다. 이 말이 기억에 남아 상담자가 된 후에도 죽는다는 것을 이해하려고 여러 형태로 죽음과 직면했다.

좋은 생의 마무리는 사후가 아니라 죽음을 향해 가는 살아 있는 동안에 해야 한다는 생각이 든다. 흔히 죽음에 대한 준비라고 하면

장지 결정, 유언장 작성, 상속 등 사후와 관련된 준비만을 생각한다. 그러나 나는 그보다 더 중요한 것은 죽음을 향해 나아가는 과정에서 무엇을 할 것인가를 고민하고 결정하는 것이라고 생각한다.

우리나라의 예는 아니지만, 인생의 마지막에 해야 하는 것과 하고 싶은 것에 대한 설문 조사가 있었다. 압도적으로 많은 수의 사람들이 자신의 생을 되돌아보면서 나에게 의미 있는 사람과 추억의 장소에 가고 싶다고 대답했다. 그리고 그렇게 함으로써 후회를 남기지 않고 생을 마감하고 싶다고 했다.

천천히 인생을 되돌아보면서 지금까지의 기억들과 마주하는 일, 그리고 각각의 경험을 반추해 보면 새로운 욕구가 생기면서 지금까지 생각하지 못한 것을 발견하게 된다. 분명 거기에는 '하고 싶은 일과 해두어야 하는 일'이 존재한다. 나는 이런 과정이 삶을 잘 마무리하는 것이라고 생각한다.

설인 씨는 의사로부터 남은 시간이 많지 않기에 만나고 싶은 사람들을 만나면서 삶을 정리하도록 권유받은 65세의 유방암 말기 여성이었다. 2005년, 나는 말기 암 환자에게 자신의 삶을 되돌아보고 자신이 소중히 여기는 사람에게 편지나 문서를 남길 수 있도록 돕는 '존엄치료'를 한국에 소개하고자 준비 중이었다. 그동안의 경험을 통해 사람들은 생의 끝에서 자신의 삶을 되돌아보고 그것을 누군가에게 남기고 싶어 한다는 것을 알게 되었다. 설인 씨와는 존엄치료와 관련된 번역 작업을 하면서 호스피스 환자들에게 직접 문서 작업을 해주던 시기에 만났다.

이미 존엄치료의 형태로 만났던 사람들과의 경험을 토대로 설인 씨와 인터뷰를 진행했다. 나는 그녀에게 살면서 가장 행복했던, 빛나는 순간들을 기억하도록 질문하면서 누구에게 어떤 말을 남기고 싶은지 물었다. 그런데 그동안 잊고 있었던 아름다운 기억을 떠올리며 행복해하던 다른 분들과 달리 설인 씨는 인터뷰 내내 자신의 삶은 후회의 연속이고, 인내심이 부족하여 이혼을 했으며, 이혼 당시 열 살과 일곱 살이었던 아이들에게 미안하다고 말했다.

나는 어떻게든 설인 씨의 삶이 그런 후회와 사과의 연속인 삶이 아니라, 나름대로 의미 있는 삶이었음을 알리고자 무던히 애를 썼다. 자신의 삶을 긍정적으로 마무리하도록 돕는 것이 제대로 된 존엄치료라고 믿고 있었기 때문이다. 그러나 내 의도와 달리 설인 씨와의 상담은 참회의 시간으로 끝이 났고, 나는 그녀가 자신의 삶을 좀 더 의미 있게 받아들이도록 질문하지 못한 것을 후회했다.

그런데 이상하게도 상담을 마치고 헤어질 때의 설인 씨는 이전에 만났던 분들과 마찬가지로 편안한 표정을 짓고 있었다. 집에 돌아오는 차 안에서 나는 설인 씨가 후회되는 것을 말함으로써 2년 전 재회한 아들들에게 사과했고, '사과하는 지금 이 순간'이 자신의 삶에서 가장 빛나는 시간이라고 나에게 말한 것임을 깨달았다. 다음번에 설인 씨를 만나면 이런 깨달음을 줘서 감사하다고 말해야겠다고 마음먹었지만, 안타깝게도 나는 그 이후 그녀를 다시 만날 수 없었다.

설인 씨는 자신이 작성한 문서를 '살면서 인내해야 할지를 고민하는 여성들'이 읽어줬으면 좋겠다는 말을 남겼다. 10년도 넘은 이야기지만 나는 설인 씨와의 약속을 지키기 위해 그와 함께 썼던 문서를 이 책에 싣는다. 아마도 너무 긴 세월 떨어져 지내면서 마음의 거리를 좁히지 못한 아들들에게 직접적으로 사과할 용기는 없었을 거라고 생각한다. 그녀는 인내심을 가지고 가정생활을 유지하라는 말을 남김으로써 우회적으로 아들들에게 사과하고 있었다.

이 순간 내가 열심히 생각하는 것은 누구나 잘못된 판단을 한다는 점입니다. 내게 있어서 가장 후회스러운 판단은 인내하지 못했던 것입니다. 사람은 살면서 순간을 모면하기 힘들지만, 그래도 인내해야 하는 때가 있다는 진리를 발병하고 나서야 깨달을 수 있었습니다.

내게 가장 기억에 남는 시간은 이 근처에서 살았던 젊은 시절입니다. 어릴 때부터 이 근처에 살았었는데 이곳에서 결혼 생활을 시작하여 자수성가했으며 두 아들도 얻었습니다. 그러다 사업을 하고 싶어

하는 남편을 돕기 위해 생활 전선에 뛰어들었고, 열심히 가족을 뒷바라지했습니다. 그러나 남편의 사업 실패로 내가 돈을 벌어서 경제적 문제를 해결해야 한다고 판단한 후 우리 가족의 삶은 달라졌습니다. 난 아이들을 생각할 겨를도 없이 무작정 외국으로 떠났습니다. 이것이 내 삶에서 가장 후회되는 결정입니다. 이와 같은 판단 실수로 난 소중한 사람들을 잃었으며, 지금 이 순간 이것을 가장 안타깝게 생각하고 있습니다.

내가 아이들에게 많은 죄책감을 가지고 있다는 사실을 알아줬으면 좋겠습니다. 그 시절 외국에 가지 않고 내 아이들을 좀 더 따뜻하게 품어줬어야 했다는 후회가 가득하고, 아이들에게 정말 미안하다는 말을 하고 싶습니다. 나 자신은 열심히 앞만 보고 살았지만, 그것이 오히려 아이들의 소중한 시절에 상처를 줬습니다. 아이들의 상처는 고스란히 내 상처로 되돌아왔습니다. 아이들에게 상처준 것에 대해 마음으로는 언제나 미안했는데 한 번도 표현하지 못해서 아쉬웠습니다. 또 아이들뿐 아니라 지금은 새 가정을 꾸리고 살아가는 남편도 행복하게 살았으면 좋겠습니다.

그리고 엄마가 '마음을 먹은 것은 할 수 있다'는 자부심을 가지고 열심히 살아왔다는 점만은 아이들이 꼭 기억해 줬으면 좋겠습니다. 그 시절 내게 중요한 것은 열심히 사는 것이었습니다. 생활을 위해 열심히 산 결과, 아이들은 '우리 엄마는 무엇이든 다 할 수 있는 슈퍼우

먼'이라고 인식할 정도였습니다. 아이들에게 남기고 싶은 말은 열심히 살라는 말밖에는 없습니다.

내 삶의 경험을 통해 남기고 싶은 조언은 '인내하면서 가정은 꼭 지켜야 한다'는 것입니다. 가정이 안정되어야 아이들도 사회적으로 편안한 생활을 할 수 있기 때문입니다. 가정을 지키려면 서로를 존중하며, 서로에게 상처 주는 말은 하지 말아야 합니다. 미련하게 굴면서 상처를 주는 말을 하지 말고, 자기 성격은 잠시 접어두고 인내하라는 말을 꼭 해주고 싶습니다.

언제나 의식하고 사는 것은 아니지만 살아가는 것은 조금씩 죽음에 다가가는 것이며, 언젠가 틀림없이 우리 모두는 죽게 될 것이다. 그러나 죽음을 앞둔 환자들의 경우에는 생의 유한성을 더 절박하게 느끼면서 불안과 공포 속에서 자신다운 삶의 방식을 찾으려 한다.

2010년 일본 군마(群馬)대학 정신과에서는 죽음을 앞둔 사람들의 죽음관에 대한 논문을 발표했다. 그에 따르면 죽음을 앞둔 사람들은 두 가지 축에 관심을 갖는다. 그것은 자신이 주체가 되어 자신의 삶과 죽음을 맞이하고 싶다는 것과 남겨지는 가족과 좋은 관계를 유지하면서 생을 마감하고 싶다는 것이다. 나도 존엄치료라는 형태로 생을 마감하는 분들과 함께 작업했던 경험을 통해 자신의 존엄을 지키면서 떠난다는 것과 남겨진 가족과의 사랑을 확인하는 작업은 생을 마감할 때 참으로 중요한 부분임을 깨닫게 되었다.

이런 작업은 남겨진 사람에게도 중요하다고 생각한다. 나는 비교적 이른 나이에 부모님과 헤어졌다. 부모님을 생각하면 오랜 시간 함께하지 못한 것과 부모님이 가족들과 마지막으로 하고 싶었던 일들을 함께하지 못했다는 것에 대한 안타까움이 있다. 특히 부모님이 어떤 삶을 살아왔는지에 대해 충분히 함께 나누지 못한 것이 무엇보다 아쉽다. 장례식장에서 누군가 부모의 어린 시절이나 젊은 시절에 대하여 말하는 것을 들으면서, 문득 '우리 부모님은 어떤 인생을 살아왔는가?'라는 의문과 함께 부모님에 대해 깊이 알려고 하지 않았다는 후회가 밀려왔다.

나는 다른 사람이 살아온 이야기를 듣는 직업을 가지고 있으면서도 정작 가장 소중한 사람의 인생에 대해서는 충분히 나누지 못했다. 부모님이 살아계신 때로 시간을 되돌릴 수 있다면 부모님은 어떤 어린 시절을 보냈으며, 무엇을 소중히 여겼는지, 그리고 내가 태어났을 때 어떤 기분이었는지 등 묻고 싶은 것이 많다. 부모님이 걸어온 인생길에 대해 좀 더 많이 들었다면 부모님에 대한 자부심은 물론 부모님과의 연결 고리가 더욱 견고해져서 지금 내가 살아가는 데 큰 힘이 될 수 있었을 것 같은데 아쉽기만 하다.

나는 생의 끝자락에 서 있는 사람들과, 그들을 떠나보내는 사람들의 죽음에 대한 불안은 '연결'을 통해 극복될 수 있다고 생각한다. 가족이든 친구든 또는 의료진이든 간에 어떤 형태로든 그 사람에게 관여하여 적절한 방법으로 다가가 마음으로부터의 언어를 전달할 필요가 있다. 때로는 떠나가는 또는 떠나보내는 아픔이나 공포를 드러내도 좋다고 생각한다. 고통의 상태를 서로 안아줌으로써 주위 사람들과 연결됨을 느끼고, 이러한 연결이 자신이 떠난 다음에도 이어진다는 사실을 깨닫게 될 때 죽음을 앞둔 사람은 마음의 위안을 얻으며 자신의 존엄성을 회복할 수 있을 것이다. 그리고 남은 사람들에게는 새로운 삶을 살아가는 원동력이 될 것이다.

상처받은 관계를 회복하기 위한 가족 심리 테라피

Part 3
가족의 다양한 얼굴

family

therapy

지금을 가족의 위기 상황이라고
말할 수 있을지도 모른다.
그러나 가족의 형태가 변화하는 것은
이상한 일이 아니다.
지금의 가족도
그 이전의 가족에서 변화된 것이며,
앞으로도
그런 변화는 이어질 것이다.

전문가들은 한결같이 지금의 가정은 '이전과 많이 달라져서 위기 상황'이라고 말한다. 그런데 위기의 원인이 우리가 흔히 말하는 것처럼 가족이 변했기 때문일까?

미국의 인류학자 머덕(G. Murdock)은 1949년 《사회구조》라는 책에서 '핵가족'이라는 단어를 처음 사용하며 한 지붕 아래에서 경제적 활동을 함께하며 자녀를 출산하고 교육하는 핵가족의 기능을 언급했다. 그런데 70년이 지난 지금, 그가 말한 가족의 기능은 더 이상 가정을 대표할 수 있는 것이 아니다. 한 공간에 거주하지 않는 가족, 경제적 활동을 함께하지 않는 부부, 성적 만족을 부부 이외의 상대에게서 찾는 남편이나 아내, 자녀의 교육적 기능을 전문 기관에 의존하는 부모들까지 가족의 양상이 이전과는 확실히 달라졌기 때문이다.

유동적인 특징을 가진 현대 산업 사회는 이전 농경 사회의 근간이었던 지역 공동체를 와해시켰고, 그로 인해 상부상조의 미덕은 더이상 찾아 보기 힘들어졌다. 또한 코로나 바이러스는 우리를 급격하게 4차 산업 시대로 인도했다. '언택트' 같은 새로운 환경은 현대 가족의 의사소통 능력이나 대인 관계의 관여 방법에도 많은 변화를 가져왔다. 평균 수명의 연장 역시 삶의 패턴을 복잡하게 변화시켰다.

이처럼 새롭게 변화된 상태에 익숙해져야 한다는 의미에서 본다면 지금을 위기 상황이라고 말할 수 있을지도 모른다. 그런데 다른 한편으로 생각해 보면 가족의 형태가 변화하는 것은 이상한 일이 아니다. 지금의 가족도 그 이전의 가족에서 변화된 것이며, 앞으로도 그런 변화는 이어질 것이다. 그래서 나는 가족들의 위기를 초래한 사건 자체보다 위기를 맞이한 가족들이 그것을 어떻게 인식하고 대응하는지에 더 많은 관심을 갖고 있다.

가족 스트레스에 관해 연구한 힐(R. Hill)은 'ABCX 모델'에서 위기로 이어지는 스트레스를 주는 요인(A: stressor)과 그것에 대응할 수 있는 가족들의 자원(B: existing resources), 스트레스를 주는 요인에 대한 가족들의 인식(C: perception of "A")이 서로 상호 작용하여 위기 여부를 결정짓는다고 주장했다. 힐의 주장에 따르면 위기로 이어지는 스트레스의 요인보다 그것에 대처할 수 있는 자원이나 스트레스를 유발한 사건을 가족이 어떻게 인식하느냐가 더 중요하다. 때문에 가족 상담자로서의 내 역할은 가족들이 활용할 수 있는 자원을 풍부하게 만들거나, 문제를 보는 인식의 변화를 통해 위기에 대응할 수 있는 힘을 길러주는 것이라고 생각한다.

예를 들어 준비되지 않은 부부가 뜻하지 않게 자녀가 생기면 위기적 상황을 경험하면서 다양한 대응을 통해 위기 상황을 해결한다. 이런 경험은 부부를 변화시키고 그 후에 태어난 자녀를 대할 때 좋은 자원으로 남게 된다. 나는 이런 것들이 사람들로 하여금 여전히 친밀한 누군가를 찾게 만들고, 그 사람과 공동 작업을 하는 장소로서 가족을 형성하고, 거기서 서로 깊은 감정적 관여를 하면서 행복을 추구하게 되는 힘이라고 생각한다. 그리고 이것이 급변하는 사회 속에서도 가족이 변하지 않으면서 계속 축적되어가는 또 다른 이유라고 본다.

가정 폭력도
중독이다

폭력을 통제하기 위해서는
가해자를 능가할 수 있는 강력한 힘이 필요하다.

───────────

배우자로부터 받은 폭력도 엄연한 범죄 행위이며 중대한 인권 침해인데 정작 사건의 당사자들은 그런 의식이 거의 없다. 상담에 온 가해자들은 '말을 듣지 않은 쪽이 잘못'이라고 피해자를 비난하면서 자신의 폭력을 정당화하는 경우가 많다. 한편 피해를 입은 배우자들은 반복되는 폭력에 무기력감을 느끼면서도 가해자의 보복이 두려워 관계를 유지한다고 호소한다.

나는 이들을 만나면서 가정 폭력이 '긴장 단계, 폭발 단계, 허니문 단계'의 사이클을 반복하고 있으며, 허니문 단계가 피해자들이 폭력의 악순환에서 벗어날 기회를 빼앗고 있다는 사실을 알게 되었다.

허니문 단계에서 가해자들은 폭력을 후회하고, 상대를 배려하고, 때로는 사과도 한다. 이런 모습을 본 대부분의 피해자는 이번에는 사람이 변해서 폭력이 사라질 것이라는 희망을 갖는다. 그러나 가해자가 보이는 이런 행동은 피해자가 자신의 곁을 떠나지 못하게 하는 수단에 불과하다.

미연 씨는 '이번에는 끝내려고 했는데, 나도 모르는 사이에 다시…'라고 자책하면서 여러 번 폭력적인 남편에게 되돌아갔다. 나를 만날 때마다 이번에는 되돌아가지 않을 것이라고 다짐했지만 그것은 결코 행동으로 이어지지 못했다.

이런 일은 이번에 나를 만나기 전에도 반복되고 있었다. 사실 나는 미연 씨와 상담을 마치고 나면 매번 '지난번에 문제가 무엇인지 확실히 이해하지 못한 채 상담이 끝났나? 아니면 본질적인 문제를 해결하고 싶은 마음이 없어서 빨리 끝내려고 마음에도 없는 좋은 소리만 했었나?'라고 반문하면서 상담 과정을 돌아보게 되었다.

미연 씨는 12년의 결혼 생활 중 남편의 폭력에 대한 두려움에서 자유로운 날이 하루도 없었다고 했다. 남편은 자상했던 연애 시절과 달리 신혼 초부터 자신의 마음에 들지 않으면 물건들을 던지고 부수면서 소리를 질렀다. 그런데 자신을 헷갈리게 한 것은 난폭한 행동을 하고 난 이후 남편의 태도였다. 남편은 말은 하지 않았지만 자상하게 굴며 온몸으로 잘못을 사과했다. 난폭한 행동 뒤에 사과하고 용서하는 패턴이 반복되자, 미연 씨는 이를 어떻게 받아들여야 할지 고민하게 되었다.

얼마 지나지 않아서 남편은 미연 씨에게 폭력을 행사하기 시작했다. 그리고 그런 다음 날에는 어김없이 선물을 사오는 등 더 격렬하게 사과했다. 미연 씨는 '남편은 술 때문에 통제력을 잃었으나 평소에는 자상한 사람', '아이에게서 아빠를 빼앗고 싶지 않다' 등의 이유로 용서를 반복하면서 12년을 보냈다. 그러다 남편의 구타로 갈비뼈가 부러지면서 친정 부모도 그간의 폭력 사실을 알게 되었고, 가족들의 권유로 이혼을 결심하게 되었다.

미연 씨 부부에게는 어린 자녀가 있어서 이혼 조정 기간 중에 부부 상담도 받았다. 미연 씨의 입장만 생각하면 이때가 가장 편했다. 남편은 원룸을 얻어 혼자 생활했기 때문에 얼굴을 마주할 일도 없었고, 매 순간 긴장할 필요도 없었다.

일주일에 한 번 만나는 상담에서 하고 싶은 말을 하면 이전과 달리 남편은 순순히 미연 씨의 의견에 동의했다. 그런데 상담이나 아들을 보러 오는 남편의 초췌한 모습을 볼 때마다 이 사람에게는 내가 없으면 안 될 것 같다는 생각이 들었다.

남편도 기회가 될 때마다 지난 시간을 반성하면서 결혼 생활을 지속하자고 졸랐다. 미연 씨는 '남편이 간절히 원해서', '아들이 나중에 아빠를 빼앗았다고 원망할 것 같아서', '주위에서 말려서'라는 이유로 다시는 폭력을 행사하지 않겠다는 서약서를 받고 남편을 용서해 주었다.

그러나 얼마 지나지 않아 가정 폭력은 다시 일어났다. 미연 씨는 자신이 남편을 인내하면서 돌보지 못하고 이혼하려고 했기 때문에 그 상처가 너무 커서 또다시 이런 일이 벌어진 것이라며, 일단 남편이 안정될 때까지는 조금 더 곁에 있어야 할 것 같다고 말했다. 남편이 폭력 중독인 것처럼 남편을 돌보려는 미연 씨도 중독이라는 주위의 조언에도 불구하고 미연 씨는 남편과의 관계를 정리하지 못한 채 망설였다. 이를 지켜본 동생이 언니 자신만의 의지로는 이 구렁텅이에서 빠져나올 수 없다고 판단하여 개인 상담을 주선했다.

미연 씨는 나와 상담하는 동안에도 여러 번 남편에게 되돌아갔다가 다시 나오기를 반복했다. 자의든 타의든 상담에 왔고, 자신의 피폐한 삶에서 벗어나고자 노력했던 미연 씨가 나와 만난 뒤에도 다시 남편에게 되돌아가는 것을 보면서 많은 고민을 하게 되었다. 그리고 이 풀리지 않는 의문의 답을 '공의존' 또는 '동반의존(codependency)'이라고 불리는, 가족 간에 서로 공동 의존 관계를 보이는 역동에서 찾았다.

이는 미국의 중독 관련 영역에서 먼저 사용된 용어다. 알코올 의존이나 폭력 문제를 가진 남편과 함께 사는 아내에게서 흔히 볼 수 있는 현상으로, 불행의 벼랑 끝에 내몰려 있는 아내가 그 불행의 근원인 남편을 떠나지 않고 더 열심히 돌보려는 행위를 말한다. 의존의 문제를 심각하게 받아들이지 않는 동양 사회에서는 아직 질병으로 인정하지 않지만, 서구에서는 질병과 유사한 개념으로 인식한다.

상담을 하는 동안 나는 미연 씨가 남편이나 아들 등 타인에게 필요한 사람이 됨으로써 자기의 존재 가치를 느끼고 있다는 것을 알 수 있었다. 그것은 미연 씨가 자신의 이야기를 할 때 계속 '남편이', '아들에게', '주위 사람들이'라는 말을 하면서 자신에 대한 표현은 하지 않는 것에서도 잘 드러났다.

자기의 감정을 돌보지 않는 미연 씨에게서 일종의 무력감도 엿볼 수 있었다. 때로 미연 씨는 속박을 애정의 표현이라고 착각하기도 했다. 그러나 속박은 상대를 내 마음대로 하고 싶다는 생각에서 비롯되는 행위로 상대에 대한 신뢰나 배려가 없기 때문에 결코 애정 표현이라고 할 수 없다.

미연 씨와의 만남을 거듭하며 그동안 잊고 있던 누군가가 떠올랐다. 가정 폭력 피해 여성 쉼터에서 만난, 계부에게 성폭행을 당해 아이까지 낳은 10대 후반의 여성이었다. 그녀는 주위의 분노와 달리 입소할 때부터 계부에 대해 부정적인 감정이 없었다. 관계자들은 재판에서의 증언을 앞두고 있는 그녀에게 '계부는 너를 보호한 게 아니라, 너에게 해서는 안 될 나쁜 짓을 한 사람'이었다는 것을 계속 주지시켰다. 그런데 그녀는 재판 과정에서 자신도 합의한 성관계이며, 계부가 그동안 잘해 준 점을 언급하면서 계부를 감쌌다.

이런 엉뚱한 증언을 함으로써 계부는 말도 안 되는 낮은 형량을 선고받았다. 그녀는 "법정에 서 있는 아버지의 모습이 너무 초췌했고, 그동안 내게 잘해 줬던 것이 떠올라서….."라고 말해 관계자들을 허탈하게 했다. 이렇듯 폭력을 행사하는 남편과 이를 감내하는 아내의 관계, 혹은 자신에게 피해를 준 사람이지만 세뇌되어서 옹호하는 것은 '스톡홀름 신드롬(Stockholm Syndrome)'으로도 이해할 수 있다.

나는 공의존의 관점으로 미연 씨를 이해한 뒤로는 상담을 서두르지 않고 미연 씨가 처한 상황이나 불안을 함께 공유하기 위해 그녀로부터 많은 이야기를 들으려고 노력했다. 미연 씨는 다른 피해자들처럼 남편을 폭력 상황으로 몰아간 것이 자신이라고 자책했다. 그 순간에도 나는 즉각적으로 그것은 잘못된 생각이라고 반박하지 않고, 미연 씨의 의견을 존중했다. 왜냐하면 이 사례는 가해자인 미연 씨 남편 한 사람의 문제로 이해하기보다는 그것에 의해 피해를 입은 미연 씨의 심리적 상태도 함께 고려하는 것이 중요하다고 판단했기 때문이다.

사실 미연 씨의 사례를 진행하면서 나는 미연 씨의 아들이 가정 폭력의 장면을 계속 목격해 왔다는 점이 마음에 걸렸다. 대부분의 가정 폭력은 피해자에게 심리적, 신체적으로 상처를 남기는 만큼 폭력에 노출된 자녀들의 문제도 심각하다. 때로는 자녀들도 가정 폭력의 피해 당사자가 되는 경우가 적지 않다. 또한 직접적인 폭력은 비껴가도 폭력 상황에 노출된 아이들은 무의식적으로 폭력에 익숙해지는 경향이 있다.

미연 씨 아들의 경우에도 감정 표현이나 문제를 폭력적인 방법으로 해결하고 있어서 나의 우려는 현실이 되었다. 이것은 심리학자 반두라(A. Bandura)가 유치원생들에게 보보인형(Bobo doll, 아래에 무게추가 달린 풍선 인형으로, 넘어뜨리면 오뚝이처럼 다시 일어나는 펀치용 장난감)을 가지고 한 실험에서 잘 드러난다. 직접 또는 간접적으로 폭력 장면을 본 유아들은 같은 상황이 되었을 때 폭력적 행위를 했다. 이것은 관찰만으로도 폭력이 학습된다는 사회 학습 이론을 뒷받침한다.

폭력 문제로 힘들어하는 가족들과 만나면 폭력에 어떻게 대처해야 하는지에 대해 많은 생각을 하게 된다. 폭력과 비폭력은 대칭적인 관계가 아니다. 좀 이상하게 들릴 수도 있겠지만 나는 폭력에 대

항할 수 있는 것은 동등한 폭력이라고 생각한다. 폭력을 통제하기 위해서는 가해자를 능가할 수 있는 강력한 힘이 필요하다. 이를 위해 사회는 폭력에 시달리는 사람들을 보호하기 위한 보다 강력하고 조직화된 힘을 갖추어야 한다.

나는 '공의존 관계에서 벗어날 수 없다'고 생각하면서 무기력해진 피해자들을 만날 때마다 그들은 힘든 시간에서 살아남은 생존자라는 점을 부각시킨다. 그들이 지금까지 버텨낼 수 있었던 원동력이 자신들의 내면의 힘이라고 인식하는 순간, 그 힘을 폭력과 맞서는 에너지로 바꿀 수 있다고 믿기 때문이다.

독이 되는 부모,
득이 되는 부모

부모가 자녀에게 기대하면 할수록 기대는 엇갈림이 되어
상대에 대한 불만을 키우면서 자녀와의 관계가 엉망이 되어버린다.

———————

가족을 만나는 상담자들이라면 대부분 청소년기는 가족들에게
힘든 가족생활 주기라고 말할 것이다. 나 역시 청소년 자녀와 부모
의 관계가 다른 무엇보다 힘든 문제라고 생각한다. 이 말을 들으면
자칫 반항과 분노로 대변되는 질풍노도의 청소년기 자녀 때문이라
고 생각할지 모른다. 그러나 방황하는 청소년기의 가족을 만나보면
청소년만의 문제가 아닌, 다른 한쪽인 부모의 정서적 동요도 맞물려
있음을 알게 된다.

4~50대 부모들은 사회적으로는 안정되어 보일지 몰라도, 그들
스스로의 한계를 경험하는 시기이기도 하다. '내 자리는 여기까지'
라고 생각하면 대부분은 만족보다는 서운함을 느끼고, 때로는 좌절

하기도 한다. 어떤 부모는 자신이 이루지 못한 꿈을 자녀를 통해 대리 만족하려고 하는데, 이때 자립이 중요한 관심사인 청소년기의 자녀와 부딪치게 된다.

청소년기 아이들의 발달 과제는 자아 정체성이다. 즉 내가 누군지에 대한 답을 찾기 위해 도전하고 실패하고, 또다시 도전하고 실패하는 경험이 쌓여야 한다. 실패는 아프고, 다시 일어나기 위해서는 엄청난 에너지가 필요하기 때문에 자녀들은 불안, 동요, 좌절이 뒤섞인 감정을 느낄 수밖에 없다.

그런데 부모들은 앞으로 직면하게 될 새로운 흥미와 어려움에 아이들이 얼마나 두려움을 느끼는지 잘 모른다. 어떤 어려운 상황에 닥치면 부모에게 달려가고 싶다는 의존과 스스로 해결해야 한다는 자립의 마음 사이에서 오락가락하게 된다는 것도 말이다.

경민이는 고등학교 1학년 남학생이다. 내성적인 성격에 줄곧 모범생이던 경민이는 고등학교에 입학한 지 얼마 되지 않아서 '자퇴하고 싶다'는 말을 여러 번 했다. 실제로 짧은 가출을 해서 아버지에게 심하게 야단을 맞은 후에는 더 이상 자퇴라는 말을 입 밖에 꺼내지 않았다.

그런데 며칠 전 지하철 방범 수사대로부터 경민이가 몰카 미수범으로 조사를 받고 있다는 연락이 왔다. 경찰은 어머니에게 어린 나이의 초범, 미수라는 점을 감안해 훈방 조치할 테니 상담을 받으라고 권했다.

집에 돌아온 경민이는 다시 자퇴 이야기를 꺼냈다. 이번에는 좀 쉬다가 검정고시는 반드시 보겠다는 구체적인 계획까지 밝혔다. 부모의 헌신적인 뒷바라지 끝에 특목고에 진학했는데, 입학한 지 얼마 되지 않은 시점부터 자퇴를 고집하고 있는 것이다.

상담에 온 어머니는 경민이의 자퇴 문제보다 경민이와 아버지의 갈등 관계에 대해 더 많은 이야기를 했다. 경민이는 중학교 졸업식에서 최우수상을 받았지만 아버지가 졸업식에 오지 못하도록 막아 달라고 어머니에게 요구할 정도로 부자지간의 사이가 나쁘다.

자기주장이 강한 경민이 아버지는 상습적인 주식 투자로 가정 경제에 타격을 입혀서 결혼 초부터 부부 사이에 갈등이 심했다. 경제적으로 어려운 유년기를 보낸 남편은 돈에 대한 집착이 커서 회삿돈에 손을 대면서까지 위험한 주식 투자를 멈추지 않았다. 그 일로 대기업 자금 담당이라는 좋은 직책을 그만두고 몇 년간 실직했다가 이제 겨우 작은 회사에 들어갔다. 그럼에도 불구하고 여전히 주식만이 큰돈을 벌 수 있는 유일한 수단이라고 생각하는 남편을 아내의 힘으로는 도저히 말릴 수 없었다.

경민이 어머니는 부부 싸움을 하면 고집이 센 남편을 꺾기가 어려워 자신이 하고 싶은 말만 퍼붓고 집을 나가곤 했다. 그런데 본인이 집을 나간 뒤 흥분하여 칼을 휘두르는 아빠를 오빠가 말렸다는 딸아이의 말을 들은 후부터는 싸워도 집에 머물렀다. 그러면서 부부의 갈등은 더 심해졌다. 평소에는 내성적인데 술만 마시면 이성을 잃는 남편과의 싸움은 마치 전쟁 같았고, 어떤 때는 자신도 이성을 잃고 아이들에게 같이 죽어버리자고 말하며 부둥켜안고 울기도 했다. 처음에는 두려워하던 아이들도 반복되는 싸움에 점차 무덤덤해진 것 같았다.

어머니가 힘든 삶을 버틸 수 있었던 것은 불안정한 환경에서도 묵묵히 공부해 준 경민이가 있었기 때문이다. 사사건건 부딪치는 부부지만 공부 잘하는 아들을 특목고에 입학시키겠다는 목표만은 일치했다.

어머니의 이야기를 들으면서 나는 경민이가 난파하기 직전인 가족이라는 배의 유일한 구명보트처럼 느껴졌다. 그리고 경민이의 자퇴 의사는 기울어지는 배에서 외부로 보내는 SOS 신호 같았다. 또한 경민이가 자퇴 이야기를 꺼내는 것과 부부의 갈등이 깊은 관계가 있다는 것도 알게 되었다. 경민이의 특목고 시험이 끝난 직후부터는 남편의 주식 투자 문제로 다시 집안이 시끄러워졌기 때문이다.

경민이의 자퇴가 부부의 갈등과 관계가 있을지도 모르겠다는 의견을 전하자, 어머니는 갑자기 눈물을 글썽이며 그동안 아이가 힘들어하는 것을 알면서도 외면해 왔다고 고백했다. 아버지는 체벌을 마다하지 않고 경민이의 성적에 집착했는데, 경민이의 학업만이 남편과의 유일한 접점이어서 모른 척 외면했다는 것이다. 어머니도 기회만 있으면 입버릇처럼 '너만이 우리 집 희망'이라고 말하면서 아이를 압박했다. 그게 아이를 위한 것이라고 생각했는데 우리 부부의 좌절감을 아이에게서 보상받으려고 했던 것 같다면서 자책하기 시작했다.

나는 자신이 부모의 욕구를 충족시키면 가정에 평화가 올 것이라고 믿고 공부에 매진했을 경민이의 절박한 마음을 느낄 수 있었다. 그리고 입학 후 자신의 기대와 달리, 여전히 싸움을 계속하는 부모의 모습을 본 경민이의 실망감 역시 상상할 수 있었다.

청소년기의 자녀를 둔 부모들은 상담 도중에 무심코 '아이가 내 기대대로 자라줘야 하는데…' 같은 뉘앙스의 표현을 자주 한다. 나는 그런 부모들에게 "아이들이란 원래 기대대로 움직이지 않는 존재니까 만약 기대대로 움직인다면 그건 행운이라고 생각하세요."라고 농담을 건넨다. 이런 말을 하는 것은 그동안의 상담 경험을 통해 자녀에 대한 지나친 기대가 결국 부모 자녀 관계의 어려움으로 이어진다는 것을 알고 있기 때문이다.

사람들은 어떤 행동을 할 때 자신이 예상한 것보다 나은 결과를 기대한다. 그리고 결과가 자신의 기대에 미치지 못할 때는 부정적인 감정을 가지게 된다. 내 기대를 기준으로 위와 아래로 나누면서 긍정적 또는 부정적인 감정을 갖게 되는데, 안타까운 것은 이것이 상대평가라는 점이다.

자신의 기대가 높으면 객관적으로 좋은 결과여도 부정적인 감정을 갖게 된다. 사실 냉정하게 생각해 보면 어떤 행동을 하여 아무런 결과를 얻지 못하는 것은 플러스나 마이너스가 아닌 제로의 상태가 되어야 하는데, '기대'의 감정은 그것을 마이너스로 만든다.

부모들은 자녀가 자신의 생각대로 움직이면 행복해하지만, 자신의 뜻대로 되지 않으면 이 세상이 끝난 것처럼 낙담하고 때로는 배신감을 느끼기도 한다. 부모가 자녀에게 기대하면 할수록 기대는 엇갈림이 되어 상대에 대한 불만을 키우면서 자녀와의 관계가 엉망이 되어버린다.

자녀와 좋은 관계를 만들고 싶다는 기대는 의존의 감정을 불러일으킨다. 의존의 사전적 의미는 '다른 것에 의지하여 존재하는 것'이다. 과장하여 말하면 자녀를 보호해야 할 부모가 자녀에게 의지하는 존재가 되면서 관계가 뒤엉키게 된다. 따라서 이 같은 의존은 부모 자녀 관계에 상처를 줄 개연성이 큰 감정이다.

서구 사회에서는 '독이 되는 부모(toxic parent)'라는 표현이 있다. 과보호나 강압적인 방법으로 자녀를 자신이 생각한 대로 지배하려는 부모를 가리킨다. '독'이 되는 부모가 '득'이 되는 부모로 다시 태어나는 방법은 우리가 매일 아침 화장실에 가는 것처럼 감정을 디톡스하는 것이다. 자신의 의도와 상관없이 제멋대로 쌓이는 감정들은 적절하게 배출해야 한다.

사람들은 배출해야 하는 감정을 미움, 원망과 같은 부정적인 감정들이라고만 생각한다. 그러나 나는 기대, 희망과 같은 긍정적인 감정도 쌓아두지 않고 덜어내야 할 경우가 있다고 생각한다. 특히 자녀들에 관해서는 더욱더 그렇다. 이것이 가능하다면 자녀에게 자신의 선택을 강요하지 않게 될 것이고, 자녀들은 부모에게 자신이 온전히 받아들여지는 경험을 누릴 수 있을 것이다. 자녀들에게는 부모가 나를 믿어준다는 것보다 더 좋은 선물은 없다.

외도와 사랑의
차이

친밀감이나 헌신은 느리고 서서히 발전하지만,
열정은 빨리 발전했다가 빨리 사라진다.

———————

가족은 시간이 지날수록 숙성되고 맛이 깊어지는 와인과 같다고
생각한다. 이런 관점에서 보면 부부 관계에는 친밀감이나 헌신의 부
분이 중요하다.

미국의 심리학자 스텐버그(R. Sternberg)는 '사랑의 삼각형 이론'
에서 사랑은 서로가 편하게 연결되어 있다는 정서적 측면의 '친밀
감', 신체적 접촉을 하고 싶다는 동기적 측면의 '열정', 상대를 사랑
하고 그것을 지속하겠다는 인지적 측면의 '헌신'이라는 세 요소로
구성되어 있다고 주장했다. 그리고 세 가지 요소를 다양하게 조합하
여 '사랑이 없음, 우정, 짝사랑, 공허한 사랑, 낭만적 사랑, 도취적 사
랑, 우애적 사랑, 성숙한 사랑'이라는 여덟 가지로 나누었다.

사랑은 선택의 문제이기 때문에 어떤 사랑은 건강하고 어떤 것은

위험한 사랑이라고 단언할 수 없다. 그러나 '외도'는 상대의 성적 매력에만 집착하는 유희적 사랑으로, 성숙한 사랑의 반대편에 서 있는 것만은 분명하다.

지나치게 감정적이지도, 이성적이지도 않은 부부가 함께 있으면서 서로를 소중히 여기는 것이 내가 그리는 성숙한 사랑의 이미지이다. 어떤 부부라도 시간이 지나면 신혼 초의 설렘은 줄어들기 마련이다. 설렘이 줄어든 만큼 다른 무언가를 채워가야 한다. 나는 그것이 사과와 용서, 화해라고 생각한다.

부부 생활을 하면서 한쪽 배우자가 상대방을 소중히 여기지 않고, 용서하지 않고, 의심하고, 분노하고, 질책하고, 많은 것을 요구하기만 한다면 다른 쪽의 배우자는 견디기 힘들 뿐 아니라 관계 자체가 위험해진다. 대부분의 부부는 그것을 알기 때문에 어지간한 일들은 서로 용서하면서 부부 관계를 지속해 간다. 그럼에도 불구하고 배우자가 외도를 한다는 사실을 알게 되면 대부분 감정적이 되어 관계를 단절하고 싶다는 생각을 하게 된다.

혜연 씨는 고등학교 선배인 남편과 20년 넘게 결혼 생활을 유지하고 있다. 혜연 씨와 남편은 고등학생 때부터 커플로 소문이 나 있어서 결혼 적령기에 접어들면서 당연한 수순이라는 듯 결혼에 골인

했다. 그러나 결혼 생활 중 남편은 크고 작은 여자 문제를 계속 일으켰다.

외도로 의심되는 상황을 추궁하면 남편은 혜연 씨를 '의부증'으로 몰아갔다. 그러던 중 아이들이 초등학생 때 증거가 확실한 외도 사건이 드러났다. 남편은 언제나처럼 혜연 씨가 지나치게 예민하여 생긴 일이라고 발뺌했다. 길거리에서 진한 애정 행각을 하는 사진을 내밀자 마지못해 인정했지만, 혜연 씨는 아이들이 어려서 이혼은 생각하지도 못했다. 그래서 다시는 외도하지 않겠다는 각서를 받고 없던 일로 넘어가기로 했다.

그러나 시간이 지나도 사진 속 장면이 잊히지 않는 플래시백을 경험하면서 혜연 씨의 감정은 하루에도 몇 번씩 양극단을 오갔다. 이 문제에서 벗어나고 싶어 남편에게 운을 떼면 '다 지난 일을 새삼스럽게…'라며 언짢아해서 자신의 솔직한 감정을 털어놓을 수도 없었다. 없던 일로 하지 못하는 자신을 탓하기도 했고, 부부 관계를 거부하면 또다시 바람을 피울 것 같아 원하지 않는 관계를 하기도 했다. 그런 내가 초라하게 느껴져서 때로는 죽고 싶다는 생각도 들었지만, 어린 자녀들을 생각하면서 10여 년을 버텼다.

한동안은 여자 문제를 의심할 만한 아무런 조짐도 보이지 않았다. 그런데 얼마 전 또 다른 외도 사실이 밝혀졌다. 이번에는 이전처럼 유흥업소 여성과의 일시적인 관계가 아닌, 같은 직장에 근무하는 여성과 오랜 시간 이어진 외도여서 충격이 더 심했다.

그러나 남편은 자신의 외도에 대해 사과하기는커녕 야비하게 뒷조사를 통해 증거를 모았느냐고 적반하장으로 화를 냈다. 그리고 모텔에 간 것은 맞지만 외도가 아니라 일 때문이었으며 이것보다 더 확실한 외도의 증거를 가지고 오면 그때 인정하겠다고 큰소리쳤다.

혜연 씨는 상식에서 벗어난 남편의 행동을 보면서, 지금까지의 내 삶은 무엇이며, 나는 어떤 사람과 살아온 것인지 스스로도 이해할 수 없게 되었다. 그리고 이미 끝난 사건에 매달리고 있다고 자신을 자책해 왔던 10여 년의 시간도 보상받고 싶다고 말했다.

많은 사람들은 이론적으로는 부부의 유대감이 가정생활을 유지하는 데 필요하다는 사실을 알면서도 정작 실생활에서는 이를 소홀히 여기는 경향이 있다. 특히 결혼한 남성들은 내가 무엇을 해도 아내는 항상 그 자리에 있을 것이라는 환상을 가지고 다른 즐거움을 찾아 헤매기도 한다. 외도의 문제로 상담에 왔던 어느 남성의 이야기가 이를 잘 뒷받침해 준다.

"왜 외도를 했냐고 물으면 사실 나도 잘 모르겠어요. 집에 큰 불만이 있었던 것도 아니에요. 아내와 저는 오래된 친구 같고, 나를 가장 잘 이해해 주는 사람은 지금도 아내라고 생각해요. 아내도 자기 일이 있어서 우리는 애들을 포함해서 각자의 생활을 존중해 왔어요."

많은 남성들은 외도의 원인이 상대 여성에 대한 매력보다는 가정에서 채워지지 않는 갈증이나 허기에 있다고 말한다. 그러나 아직 괜찮은 남자라는 것을 확인하기 위해서, 가정 이외의 곳에서 안식을 찾기 위해서라는 찰나의 만족감은 배우자에게 심각한 정신적 상처를 남긴다.

상담을 하다 보면 '외도는 마지막까지 부인해야 한다'는 이상한 믿음을 가지고 있는 사람들을 보게 된다. 혜연 씨는 사실을 인정하지 않고, 의부증이나 야비한 일을 하는 몰염치한 인간으로 자신을 몰아가면서 거꾸로 화를 내는 남편의 태도 때문에 외도 사실보다 더 많은 상처를 입었다고 했다. 평생의 동반자라고 믿었던 배우자에게 배신을 당하고, 그런 사실을 부정하는 남편으로 인해 느끼고 있는 혜연 씨의 자괴감이 내게도 전해졌다.

대부분의 외도 피해 배우자는 이런 배신감 때문에 지금까지의 내 삶이 보잘것없다고 폄하하거나 자기 통제력을 상실하게 된다. 혜연 씨 역시 과거의 모든 일을 되짚고 자신의 어리석음을 스스로 탓하면서 지금까지의 가정생활은 허사였다고 한탄했다.

외도의 피해자들이 겪는 정서적인 고통은 상당한 수준이다. 그러나 그동안의 상담 경험을 되짚어봤을 때, 외도는 어느 한쪽의 문제라기보다는 남편이나 아내가 가진 취약한 부분, 두 사람의 물리적, 심리적 거리, 부부간의 신뢰를 가볍게 생각했거나 외부에서 오는 갈등의 불씨 등이 뒤엉켜서 오는 복합적인 문제인 듯하다.

외도에는 스텐버그가 언급한 '헌신'의 요소가 결여되어 있다. 외도는 자신의 욕구를 충족하기 위해 상대를 사랑하는 이기적인 행위이므로 인내하는 사랑, 무언가를 기대하지 않고 주는 사랑은 불가능하다. 친밀감이나 헌신은 느리고 서서히 발전하지만, 열정은 빨리 발전했다가 빨리 사라진다. 금방 식을 열정이 평생을 함께할 반려자의 헌신을 배신하고, 마음에 상처를 주는 것보다 중요한 것인지 다시금 생각해 볼 필요가 있다.

경제 문제로 인한
가족의 해체

아이들과 보다 윤택한 생활을 하기 위해 열심히 경제 활동을 한 결과가
오히려 아이를 황폐하게 만들기도 한다.

───────

부모의 불화나 이혼, 또는 가정 내 폭력처럼 부모가 가정에서 부모 역할을 방임하면 가정의 해체가 일어난다. 그런데 폭력이나 방임 못지않게 힘든 경제 상황 때문에 가족이 해체되는 경우도 많다. 때로는 부모가 자녀들을 위해서 자신이 할 수 있는 최선을 다하면서 살고 있는데, 그 결과 자녀에게 문제가 생기는 역설적인 상황이 발생하기도 한다.

대부분의 부모는 경제적으로 어려워지면 돈을 벌기 위해 여러 가지 일을 하면서 집을 비운다. 자녀들은 부모의 손길을 그리워하면서, 한편으로는 통제할 부모가 없기 때문에 하고 싶은 대로 행동하면서 자란다. 아이는 성장하면서 가정에서 맛보지 못한 정서적인 유대감을 유사 가정인 비행 집단에서 느끼며 그들과 어울린다.

자녀의 변화에 놀란 부모는 관계 회복을 시도하지만, 그동안 자녀와 함께 부모 자녀 관계를 충분히 쌓아가지 못했기 때문에 어떻게 대화해야 할지 모른다. 그 결과 부모는 자녀들이 무엇을 생각하고 행동하는지 가늠하지 못한다.

나는 이런 가정을 만날 때마다 안타까운 마음이 든다. 아이들과 보다 윤택한 생활을 하기 위해 열심히 경제 활동을 한 결과가 오히려 아이를 황폐하게 만든 셈이다. 이혼 후 한 부모 가정이 된 어머니가 보다 나은 가정을 꾸리기 위해 자녀들과 함께 지내는 시간도 포기한 채 열심히 돈을 벌었는데, 그것이 자녀들에게 가난에 대한 불안을 가중시켜서 어려움을 겪기도 한다.

중학교 2학년인 현우는 초등학교 3학년 때 부모가 이혼하여 어머니, 여동생과 셋이서 살고 있다. 이혼 후 어머니는 친정 근처로 이사를 하여 어머니가 일하는 시간에는 할머니가 두 아이를 돌보고 있다. 부모가 이혼하기 전까지 현우는 가끔 말썽을 부리는 평범한 초등학생이었지만, 이혼 후에는 완전히 다른 아이가 되었다. 어머니의 말을 한 번도 거역한 적 없는 착한 아이로 변신하여 어머니의 힘든 삶에 큰 의지가 되었다.

아버지는 이혼 당시 한 달에 한 번 아이들과 만나기로 합의했지만 거의 지키지 못했고, 부정기적으로 일 년에 4~5회 정도 만나고 있다. 양육비 역시 처음 몇 달 받은 것이 전부였다.

가정주부였던 어머니는 생계를 위해 대형 식당에 근무했고 주말에는 결혼식 뷔페식당에서 아르바이트까지 했다. 그 덕분에 아이들은 극심한 경제적인 어려움을 겪지 않으면서 지냈다. 그런데 최근 들어 현우가 갑자기 돌변해 엄마와 대화는커녕 눈도 거의 마주치지 않고 하루 종일 자기 방에만 틀어박혀 있다. 어머니는 현우에게 여러 번 이유를 물었지만 전혀 말을 하지 않아서 현우의 속마음을 이해하고 싶어 상담을 신청했다.

현우네 가족은 어린 시절 아버지가 작은 회사를 운영해 비교적 안정적인 생활을 해왔다. 틈만 나면 가족끼리 나들이를 다녀서 주위에서도 부러워할 정도로 화목한 가정이었다. 그런데 공장에 큰 사고가 나면서 회사가 부도 위기를 맞자 마음이 여린 아버지는 속절없이 무너졌다. 자상하던 아버지의 모습은 온데간데없고 하루 종일 어떻게 하면 술을 마실까만 생각하는 알코올 중독자가 되었다. 현우 어머니가 집에 있는 술을 모두 없애고 돈도 주지 않자 현우의 저금통까지 들고 나가서 술을 마셨고, 심할 때는 가족을 협박하거나 폭행하는 일도 서슴지 않았다.

현우는 여전히 낚시터에서 함께했던 아버지의 모습만을 기억하고 싶어 했다. 현우 어머니는 남편을 치료하기 위해 많은 노력을 했으나 현우 아버지가 계속 일으키는 여러 사건을 무마하면서 점점 지쳐갔다. 결국 어머니는 아이들과 살아남기 위해 경제적 상황이 더 나빠지기 전에 이혼을 선택했다.

어머니의 이야기와 달리 현우는 처음부터 자신의 생각을 조리 있게 잘 설명해 주었다.

"아빠와 따로 사는 것도 감당하기 힘든 일이었는데, 갑자기 엄마가 밤낮없이 일을 하고 집에 없어서 당황했다. 그렇다고 힘들다고 찡찡거리면 엄마가 슬플 것 같아서 동생과 열심히 참았다. 그런데 외할머니가 사는 아파트로 이사를 온 후부터 할머니는 얼굴을 마주칠 때마다 잔소리를 늘어놓았다. 너무 싫었지만 '우리가 잘하지 않으면 여기서 쫓겨날지 몰라'라는 생각 때문에 언제나 할머니에게 잘 보이려고 애쓰면서 지냈다. 학교에서 돌아오면 할머니 집에 가지 않고 동생과 둘이 집에서 지내는 것이 더 편했지만 엄마가 걱정할 것 같아서 이런 마음을 엄마에게 말하지는 않았다.

엄마는 그런 바쁘고 고된 삶 속에서도 우리들에게 좋았던 시절을 잊지 않게 해주려고 애썼다. 그러나 이런 엄마의 노력은 이모할머니에 의해 언제나 수포로 돌아갔다. 이모할머니는 우리를 볼 때마다 '아이들도 어린데 어쩌자고 이혼을 한 거야' 하며 우리를 불쌍히 여겼다. 그런데 얼마 전 할머니가 이모할머니에게 '이제는 여자도 혼자 벌어 먹고 살 능력을 가져야 한다고 내가 그렇게 말했는데 내 말을 안 듣고 결혼하더니…. 대학까지 나온 애가 막노동이나 하고….' 라며 엄마에 대한 험담을 했다.

가끔 만나는 아빠의 모습을 보면서 막연히 아빠가 공사장에서 일을 하는 게 아닐까 생각해 왔는데, 엄마까지 막노동을 하는 줄은 몰랐다. 잘 살던 우리 가족이 이렇게 몰락한 게 화도 나고 비참한 마음이 든다. 나는 이대로 아무것도 안 하고 학교만 다녀도 되는지 고민하게 된다."

현우네처럼 한 부모 가정이 경제적인 어려움이 더 많은 것은 사실이다. 그런데 현우네 가족을 이해하기 위해서 먼저 가난에 대해 살펴보고 싶다.

현우와 현우 할머니가 느끼는 가난은 상대적인 가난이다. 실제로 현우의 부모는 현우가 생각하는 것처럼 아버지가 건설 현장에서 막노동을 하거나, 어머니가 주방에서 허드렛일을 하는 것은 아니었다. 할머니가 가진 직업에 대한 편견이 손자들에게 엄청난 빈곤감과 그에 따른 불안을 조장했을 뿐이다.

가난을 절대적인 빈곤과 상대적인 가난으로 나누면 절대적인 빈곤은 인간으로서 최저한의 생존을 유지하는 것이 곤란한 상태로, 매체에 자주 등장하는 기아 문제가 그 예가 될 수 있다. 반면 상대적인 가난은 자신이 속한 사회 집단에 비교해서 가난하다고 느끼는 상태를 의미한다.

나는 현우네 가족이 겪는 어려움이 상대적인 가난이라고 보았기 때문에 상담하는 동안 경제적 어려움보다 이전에 행복했던 가족의 모습에 대한 탐색을 많이 했다. 그리고 그것이 현재 현우네 가족이 살아갈 때 어떻게 도움이 되었는지도 표현하도록 격려했다. 이런 대화를 통해 현우가 풍요로운 생활과 비교하여 자신의 현재를 부정적으로만 보지 않고 이 둘 사이의 균형을 갖도록 돕기 위해서였다.

다행히 현우는 부유함과 가난함을 모두 경험한 자신의 상황을 강점으로 인식하면서 미래에 대한 그림을 그려갔다. 나는 현우의 이러한 변화가 현우 어머니가 경제적 부담을 무릅쓰고 '적절한 시간'에 상담에 왔기 때문에 가능한 성과였다고 생각한다.

상담실에서 '학습된 무기력(learned helplessness)'에 빠진 아동이나 청소년을 만나는 것만큼 안타까운 일은 없다. 내가 만난 빈곤층 아이들을 떠올려보면 부모의 질병 때문에 어린 나이에 힘든 가사 일을 하거나 경제적인 이유로 진학을 포기한 경우도 있었다. 때로는 공적 지원이 없으면 밥을 굶는 아이들도 있었다. 물론 내가 절대적 빈곤을 가볍게 여기는 것은 아니다. 그러나 여기서는 절대적 빈곤을 경험하는 아이들만큼이나 상대적 가난을 경험하는 아이들에 대한 어른들의 보살핌도 필요하다고 강조하고 싶다.

　다른 사람들에게는 당연한 생활이 자신에게는 허용되지 않는다고 생각하면 그것은 아이들에게 파괴적인 상처로 남을 수 있다. 이런 일을 겪는 아이들은 처음에는 '왜 나만 이러지?'라고 생각한다. 그런데 '왜 나만…'이라는 말을 자주 하게 되는 상황이 반복되면 어느새 아이들은 '어차피 나는…'이라고 생각하고 쉽게 체념한다. 그래서 나는 상대적으로 가난하다고 느끼는 아이들을 좀 더 빨리 상담 현장에서 만나기를 원한다. 경험상 '어차피 나는'이라고 말하는 아이들보다 '왜 나만'이라고 말하는 아이들과 상담을 할 때, 그들이 살아온 삶을 앞으로 살아가는 데 필요한 자산으로 만들 수 있는 여지가 더 많았기 때문이다.

　사람은 누구나 좋은 씨앗을 가지고 태어난다. 거친 바위틈에서 버둥거리다가 결국 '난 어차피 안 돼'라고 포기한 아이들을 좋은 토양으로 옮길 수만 있다면 분명 탐스러운 꽃을 피워 올릴 것이다. 그들이 거친 환경에 깊숙이 뿌리 내리고 삶에 대해 체념하기 전에 '거친 환경에서 살아남은 저력이 있는 나'로 재명명할 수 있도록 생명력을 불어넣어 주는 것이 우리 어른들의 몫이라고 생각한다.

장애인 가족의
진짜 어려움

장애를 가진 사람들의 권리 보호만큼
그들을 돌보는 가족들에 대한 지원과 보호도 중요하다.

40년 전 발달 장애아를 둔 부모들과 프로그램을 했던 시절을 돌이켜보면, 장애에 관한 사회적 인식이 많이 변했다는 것을 느낄 수 있다. 한 예로 WHO에서는 그동안 '개인이 가진 생물학적 결여(impairment)'로 정의했던 장애를 '사회가 구축한 장벽(barrier)'으로 보기 시작했다. 장애를 전적으로 개인적인 부분이라고만 생각하지 않고 기회의 불평등과 같은 사회적 요소를 인식하기 시작했다는 점에서 많은 발전이 있다고 본다.

그런데 장애에 대한 인식의 변화와 달리 장애인 가족에 대한 사회적 인식은 그다지 달라진 것이 없다. 여전히 장애인의 돌봄은 가족의 몫이라 여겨지고, 일부 사람들은 장애인 가족이 곧 병리적 가족이라는 편협한 등식을 가지기도 한다. 따라서 장애인 가족들은 장애인을 돌보면서 가지는 현실적인 어려움뿐만 아니라 심리적인 어려움을 해소할 마땅한 방법도 없다. 장애인을 돌보는 가족들은 장애를 가지고 있지 않은 건강한 사람들인데도 장애 당사자와 함께 묶여버리는 불합리한 부분 때문에 이중, 삼중의 상처를 받고 있는 것이다.

어머니와 가족 상담을 받던 유연이는 더 이상 어머니와 함께 상담받고 싶지 않다는 거부의 뜻을 밝혔다. 그동안 진행된 세 번의 상담에서 어머니는 힘들게 해서 미안했다고 울면서 사과했고, 유연이는 그동안 그렇게 힘든 것만은 아니었다고 어머니를 위로하는 아름다운 광경을 여러 번 연출했다. 유연이의 두 살 어린 남동생은 소위 자폐증이라고 알려진 자폐 스펙트럼 장애를 가진 아동이다. 대부분의 장애인 가족처럼 유연이 어머니는 어릴 때 아들의 치료에 집중하느라 유연이를 거의 돌보지 못했다. 유연이는 고등학생이 되어서도 동생을 돌보느라 학교생활을 제대로 즐기지 못하고 있었다.

어머니는 유연이에게 항상 미안한 마음을 가지고 있어 부담을 주지 않으려고 조심했지만, 자신도 모르는 사이에 '내가 죽으면 동생을 돌봐야 하는 너'라고 유연이에게 많은 부담을 줬다. 그러나 유연이가 한 번도 힘든 내색을 하지 않아서 '우리 아들은 착한 누나를 둔 덕분에 그래도 다른 아이들보다 나은 생활을 할 수 있을 것'이라고 안심하고 있었다.

그런데 어느 날 우연히 읽게 된 유연이의 일기장을 통해 유연이가 지금까지 자신의 생활을 많이 힘들어했다는 것을 알게 되었다. 어머니는 장애 동생을 둔 누나로서 유연이의 마음속 응어리를 덜어 주고 싶다며 상담에 왔다. 그리고 상담을 통해 유연이가 동생의 부담에서 벗어나 자신의 생활을 즐겼으면 좋겠다는 기대도 밝혔다.

어머니는 지금까지 상담이 잘 진행되었는데 유연이가 갑자기 왜 거부하는지 알 수 없어 했지만, 유연이를 따로 만난 자리에서 그 이유를 들을 수 있었다. "엄마가 상담을 하자고 했을 때 저는 처음으로 그동안 아무에게도 하지 못한 속 이야기를 할 수 있을 줄 알았어요. 그런데 엄마와 함께 만나면 내가 느끼는 진짜 마음을 말할 수 없어서 더 답답해요."라고 했다. 유연이 입장에서는 '내가 뭘 어떻게 느꼈는지 말하기도 전에 엄마가 울면서 미안하다고 사과를 해서 그때마다 엄마를 달래야 했다. 상담에 와서까지 엄마의 기분이나 행동에 대해 책임을 져야 하는 게 너무 힘들다.'는 것이다.

어머니에게 말하지 않겠다는 약속을 하고 나서 정말 하고 싶은 이야기를 해보라고 권했다. 유연이는 망설이지 않고 '동생은 자폐다. 아주 나중에는 모르는 사람들과 함께 시설 같은 곳에서 살게 될 것 같다. 솔직히 말하면 속상하지만 그랬으면 좋겠다. 내 미래를 생각하면 동생의 일을 생각하고 싶지 않다. 그렇지만 나는 여전히 동생을 보살피며 살 것이다.'라고 담담하게 말했다.

나는 유연이를 만나기 전에는 장애를 가진 형제를 둔 아이들이 부모와 같은 마음을 가지고 살아갈 것이라는 생각을 해보지 못했다. 고등학생인 유연이의 말이 내가 오래전 자원봉사를 하면서 만났던 발달 장애 아동을 둔 어머니들의 이야기와 같아서 마음이 아팠다.

유연이네 가족에게는 언제나 '장애를 가진 가족을 잘 돌봐야 한다'는 부담감이 존재했기 때문에 그것이 모녀의 의사소통에도 영향을 미쳤다. 유연이는 엄마가 사과할 때마다 '엄마가 동생 때문에 너무 힘들다고 말하고 있잖아. 그러니까 네가 뭘 좀 해야 하지 않니?'라고 들려서 마음에서 우러나오는 말을 못 했다고 털어놓았다. 어머니가 감정을 실어서 힘들게 한 사과의 말이 유연이에게는 사과가 아닌 무언가를 해야 한다는 부담감으로 다가온 것이다. 이것은 모녀의 의사소통에 문제가 있다기보다는 장애인을 돌봐야 하는 가족이 겪는 불안, 부담감 등이 왜곡된 의사소통을 불러일으키는 것이라고 할 수 있다.

유연이네 가족처럼 돌봐야 하는 장애인이 자녀라면 형제간의 균형이 깨어지면서 더욱 힘들어진다. 이런 상황을 이해하기 어려운 어린 형제라면 도움을 필요로 하는 형제만 돌보는 엄마의 모습을 보면서 질투심을 가지기도 한다. 상담자의 입장에서 보면 자녀가 그 같은 과정을 거치면서 돌봄을 필요로 하는 가족을 받아들이는 것이 오히려 바람직하다고 생각한다. 그러나 안타깝게도 유연이는 그런 과정 없이 처음부터 동생을 잘 돌보는 착한 누나 역할을 하고 있었다.

장애나 치매, 만성적 질병을 앓고 있는 가족을 돌봐야 하는 가족들은 개인적인 시간을 갖기가 거의 어렵다. 하지만 그렇다 하더라도 돌봐야 할 가족에게서 잠시 떨어져 자신만의 시간을 갖는 것이 필요하다.

가족들은 질병을 앓고 있는 환자의 상태에 따라 시시각각 감정이 변화하여 만성적인 스트레스에 시달리는 경우가 많다. 때로는 '힘들어하는 가족을 위해 내가 할 수 있는 것이 없다'는 무력감이나 자책감에 휩싸이기도 한다. 가족을 좀 더 잘 돌보고 싶다는 일념으로 긴장된 상태에서 질병을 가진 환자를 돌본다면 스트레스에 노출될 가능성이 더 크다. 감정이 매몰된 상태에서 환자를 대하면 자신의 의도와는 달리 환자를 더욱 힘들게 할 수도 있다.

나는 유연이와 만나면서 장애를 가진 사람들의 권리 보호만큼 그들을 돌보는 가족들에 대한 지원과 보호도 중요하다고 느꼈다. 특히 장애인 가족의 문제에서 장애인 가족을 병리적 가족으로 취급하지 않는 것이 무엇보다 중요하다고 생각한다. 물론 노벨 문학상 수상자인 오에 겐자부로가 소설에서 묘사하고 있는 것처럼 장애인 가족은 절망, 공포, 수치심 등으로 심리적 균형이 깨어질 수밖에 없다. 그러나 냉정하게 생각하면 건강한 아이의 탄생을 기대하던 부모가 자신의 자녀에게 장애가 있다는 것을 알게 된 순간, 상실감에 의한 스트레스를 경험하지 않는 사람이 있을까 반문하고 싶다. 그만큼 장애아가 있는 가정에서 부모들이 심리적 스트레스를 느끼며 이로 인해 가족 간의 위기적 상황을 맞이하는 것은 당연하다. 특히 장애아에게 형제자매가 있다면 그들에게 가해지는 스트레스 역시 상당할 것이다.

오에 겐자부로는 장애가 있는 아들이 태어나자 자신의 경험을 토대로 1964년 《개인적인 체험》이라는 소설을 집필했다. 그는 여기서 장애아와 관련된 고뇌와 방황 끝에 아버지로서 책임감을 느끼면서 성장하는 주인공, 아니 작가 자신을 보여주고 있다.

나는 1980년대 '장애 아들을 둔 기쁨'이라는 그의 강연을 들으면서 그 소설을 쓸 때보다 한결 편안해진 장애아를 둔 아버지의 모습을 볼 수 있었다. 강연 제목에서 알 수 있듯이 그는 장애아가 태어났다는 어쩔 수 없는 현실과 그것에서 벗어나려는 아버지의 나약함을 뛰어넘어, 장애 아들을 통해 많은 것을 배우고 있는 성숙한 아버지가 되어 있었다.

오에 겐자부로는 장애인 가족이 됨으로써 일반 가정에서는 경험할 수 없는 풍요로운 삶을 살게 되었다고 말했다. 나는 유연이와의 상담에서 장애 동생을 돌봐야 하는 유연이의 부담에 대해 많은 관심을 보이지 않았다. 오히려 내 관심은 동생을 통해 느끼는 유연이의 기쁨이나 즐거움에 관한 것이었다. 나는 유연이도 많은 고민을 하고, 때로는 작은 기쁨도 경험하면서 언젠가 오에 겐자부로의 나이가 되면 누군가의 앞에서 동생 덕분에 다른 사람들보다 더 풍성한 삶을 살았다고 말할 수 있을 것이라 기대한다.

며느리는
힘들어

오랜 세월 가족으로 살아가야 할 부모와 며느리, 사위의 관계를
처음부터 완벽하고 매끄럽게 맺으려고 애쓰지 않아도 좋다.

———————

결혼을 하면 자신의 부모에 더하여 '또 다른 한 쌍의 부모'가 생기면서 새로운 부모 자녀 관계가 시작된다. 정확하게 말하면 시부모와 며느리, 처부모와 사위의 관계다.

부모들은 성장한 자녀가 결혼한 이후에도 그들과 밀접한 관계를 유지하기 위해 노력하고, 때로는 일상생활의 모든 일에 간섭하려고 한다. 특히 오늘날처럼 핵가족 시대에는 대가족에 비해 자녀의 수가 적어서 부모의 관심과 보호가 지나칠 수 있다.

대부분의 부부는 고부간의 문제에서 자유롭지 못하다. 고부간은 혈연으로 이어진 부모 자녀의 관계가 아니기 때문에 자신의 어머니나 딸과 비교하면 여간 부담스러운 존재가 아니다. 다른 한편으로 생각하면 지금까지 다른 삶, 시대, 환경에서 살았기 때문에 위화

감이나 어긋남이 있는 것은 당연한 일일지도 모른다. 그러니 약간의 불편함을 인정하고 노력하면서 함께 시간을 보내는 것이 고부간의 문제를 푸는 열쇠가 아닐까 생각한다.

가족은 처음부터 만들어진 것이 아니라 기초 공사부터 내부 장식까지 오랜 시간에 걸쳐서 만들어지는 집짓기와 같다. 가족 관계는 '오늘부터'라는 결심으로 이상적인 관계를 맺을 수 있는 것이 아니다. 오히려 힘을 빼고 자연스럽게 있는 그대로 받아들이는 것이 좋은 가족 관계를 만드는 지름길이다. 결코 한걸음에 새로운 가족의 영역에 들어갈 수 없다.

여기서는 서서히 거리를 좁혀가는 기쁨을 즐기기보다 빨리 다가가서 '우리 집 사람'이 되었으면 좋겠다는 생각이 컸던 시어머니와 이에 곤혹을 느낀 며느리의 이야기를 통해 새로운 부모 자녀의 관계 형성은 어떻게 하는 것이 현명한지에 대해 생각해 보려고 한다.

선미 씨가 주위 사람들에게 시어머니에 대한 고민을 털어놓으면 대부분은 괜찮은 시어머니를 둔 자랑을 그런 식으로 하느냐고 핀잔을 줬다. 물론 선미 씨의 시어머니는 회사에서 결혼한 동료끼리 모여서 말하던 그런 경우 없는 시어머니는 절대 아니다. 그런데 선미 씨는 요즘 들어서 시어머니만 생각하면 심장 박동이 빨라지고, 가슴도 답답해서 죽을 것만 같았다.

고부간의 문제에는 남편의 역할이 중요하다고 들어서 용기를 내어 남편에게 시어머니 때문에 어떤 것이 힘든지를 조목조목 언급하고, 그것에 대한 중재 역할을 부탁한 적도 있었다. 그런데 이야기를 들은 남편은 선미 씨가 뭘 힘들어하는지 전혀 이해할 수 없다는 표정이었다. 말로 표현하지는 않았지만 오히려 선미 씨가 너무 이기적이라고 느끼는 것 같았다.

선미 씨는 남편과 갈등을 키우고 싶지 않아서 그날 이후 더 이상 시어머니에 관한 이야기를 하지 않았다. 그런데 공황 발작과 같은 증상들은 오히려 더 심해지는 것 같았다. 선미 씨는 회사에서 복지 차원으로 제공하는 상담 지원 프로그램을 신청하여 단회기의 상담을 받기로 했다.

시집에 처음 인사를 갔을 때부터 시부모님은 '우리는 너를 며느리로 생각하지 않을 거다. 딸로 생각할 테니 너도 우리를 편하게 대하라.'고 다정하게 말씀해 주셨다. 그 말을 들은 선미 씨는 분명히 따뜻한 말인데도 왠지 가슴이 답답했다. 어색한 분위기에 압도되어 긴장했기 때문에 좋은 말을 심각하게 듣고 있다고 스스로를 위로했던 그 당시를 선명하게 기억한다.

모든 예비 부부들이 한번쯤 겪는다는 갈등도 없이 결혼식을 무사히 마칠 수 있었던 것도 사실 너그러운 시어머니 덕분이었다. 시어머니는 결혼 후에도 만날 때마다 '딸 같다'는 말을 자주 하셨다. 그런데 시어머니의 그런 마음이나 행동이 선미 씨의 신혼 생활에 불편함을 초래하고 신체적인 증상으로 이어지기 시작한 것이다.

결혼한 지 한 달도 안 된 어느 일요일 오전, 시어머니는 직장에 다니는 며느리를 위해 반찬을 해서 오후에 경비실에 맡기겠다는 전화를 했다. 반찬을 가지고 오시겠다는 시어머니를 그냥 돌려보낼 수 없어서 점심 약속을 했다. 늦게까지 쉬려던 계획은 수포가 되었고, 아침부터 일어나 청소를 하고 식사 준비를 했다. 시어머니는 함께 점심을 먹는 것에 만족하셨는지 그 이후에도 일요일에 반찬을 싸 들고 종종 방문했다.

선미 씨는 시어머니의 전화를 받고 나면 먹지 않은 채 그대로 냉장고 속에 있는 반찬들을 어떻게 처리해야 할지도 고민해야 했다. 더 화가 나는 것은 어머님이 다녀간 다음이면 남편은 '오랜만에 엄마의 반찬으로 집에서 밥을 먹자'고 조르는 것이다. 사실 맞벌이를 하는 선미 씨 부부는 평일은 물론 주말에도 거의 외식을 하고 있었다. 그런데 시어머니가 방문하는 날은 점심은 물론 저녁까지 식사 준비를 해야 하는 게 여간 부담되는 일이 아니었다.

선미 씨는 평일의 직장 생활보다 더 고된 일과를 보내고 있는 주말 때문에 금요일만 되면 이번 주에도 시어머니가 연락을 하실까 전전긍긍하는 자신이 한심스러웠다. 이런 생각이 들면 시어머니의 따뜻한 마음도 왜곡되기 시작하여 반찬을 싸 들고 온 것은 나에 대한 배려가 아니라 자신의 아들에게 밥을 좀 해주라는 고도의 전략처럼 느껴지기도 했다. 또 시어머니가 해오신 반찬들을 정리하면서 이건 모두 남편이 좋아하는 것들인데, 입버릇처럼 딸 같다고 하시면서 내게는 한 번도 뭘 좋아하는지 물어보지 않았다는 사실에 화가 나기도 했다.

사실 일하는 며느리를 위해 반찬을 만들어 나르는 시어머니는 누가 봐도 좋은 시어머니다. 선미 씨 역시 시어머니의 말대로 반찬을 경비실에 맡기도록 하지 않고 피곤한 몸을 이끌고 고생하신 어머니께 식사 대접을 하는 좋은 며느리이다. 고부간에 무척 보기 좋은 그림이긴 하지만, 선미 씨 입장에서 보면 일요일의 휴식은 월요일부터 시작되는 직장 생활을 잘하기 위해서 확보해야 하는 중요한 부분이다. 그러니까 그 아름다운 광경을 만들어내기 위해서는 일정 부분 개인의 생활을 희생해야 했던 것이다.

나는 선미 씨의 문제가 시부모님의 과잉보호와 지나친 기대에 따른 문제라고 생각한다. 그리고 선미 씨 역시 너무 '좋은 며느리'가 되려는 데에서 비롯된 부담감을 해결하지 못하여 신체적인 증상으로까지 이어지고 있는 것 같았다. 그러나 냉정한 말로 들릴지 모르겠지만 결혼은 가족과 하는 것이 아니다. 그렇다면 오랜 세월 가족으로 살아가야 할 부모와 며느리, 사위의 관계를 처음부터 완벽하고 매끄럽게 맺으려고 애쓰지 않아도 좋을 것 같다.

　이제 막 가족이 된 배우자들은 그 집안에서 무엇을 가치 있게 생각하는지, 그 가족들이 다른 사람들과 어떻게 친해지는지에 대해 잘 알지 못한다. 이런 것에 익숙해지기 위해서는 서툰 행동으로 인한 실수와 이를 사과하고 용납하며 화해하는 시간이 필요하다. 혹여 다소 불편한 관계로 출발했더라도 서로에게 무엇이든 강요하지 말고 자신이 기대하는 결과를 성급하게 실현하려고 하지 않는 것이 바람직하다. 결혼 당사자가 서로에게 집중하면서 열심히 좋은 관계를 만들어낸다면 자연스럽게 자신의 배우자를 낳고 길러준 부모에게 감사의 마음이 생긴다. 부모 역시 자녀에게 안정적인 삶을 가져다준 며느리나 사위에게 고마움을 느끼게 될 것이다.

나쁜 부모, 나쁜 자녀는
없다

단지 뭘 해야 할지 모르는 어른과 아이가 있을 뿐이다.

한동안 '잘못은 아이에게 있어요'라고 말하던 부모가 '우리가 잘 못했군요'라고 말하면 상담이 잘 진행되고 있다고 생각하던 때가 있었다. 그 시절 나는 '잘못'은 옳지 않거나 틀림을 의미하는 부정적인 행동의 결과라고 여겼다.

그러나 오랜 시간에 걸쳐 많은 가족들을 만나면서 생각이 바뀌었다. 지금은 '잘못'을 무언가를 시도할 때 적절한 절차를 밟지 못하여 부적절한 결과가 나타난 것이라고 생각한다. 내가 만난 가족들의 문제는 대부분 옳고 그름의 문제가 아니라, 어떤 사건에 대해 적절한 대처를 하지 못한 것에서 비롯된 것이었다.

자녀 양육에 어려움을 겪는 부모들을 만나면서부터 '잘못'과 '잘 못'을 구분하게 되었다. 그리고 '우리가 잘못했군요'라고 말하는 부모들을 만나면 그들에게 이렇게 말할 수 있는 여유가 생겼다.

"어떤 행동을 할 때 이게 최선이라고 생각하지 않는 부모가 있을까요? 지금 후회하는 행동도 그때 알고 있는 지식에서는 아이를 위한 최선의 선택이라고 판단하셨을 거예요."

이후 충분한 이야기를 통해 부모들과 문제에 대한 새로운 이해와 해결 방법에 대한 논의를 했다면 "지금 그때를 돌이켜보니 그 행동이 잘못되었구나라는 것을 아셨잖아요? 그럼 이제 뭘 하실 생각인가요?"라고 덧붙인다. 이것은 부모들이 잘 몰라서 한 행동에 수치심이나 죄책감을 느끼는 것보다 더 이상 잘못을 반복하지 않는 것이 중요하다고 생각하기 때문이다.

때로는 자신이 잘못했다는 것을 알면서도 변화를 위한 새로운 시도를 하지 않으려는 사람들도 있다. 이 사람들은 그 순간부터 잘못을 저지르는 사람으로 전락하게 된다.

수연 씨는 이번에도 아동 학대 혐의로 동네 주민에 의해 경찰에 신고되었다. 초등학교 4학년인 딸아이를 신체적, 정신적으로 학대했다는 이유에서다.

수연 씨는 자신의 양육 방식에 지나친 간섭을 하는 이웃 사람들에게 화가 많이 나 있었다. 지난번 신고에서는 딸아이가 경찰 앞에서 그런 사실이 없다고 강하게 부인해 줘서 법적인 조치를 받지 않고 흐지부지 넘어갔다. 그러나 이번에는 이웃 주민이 신고할 때 새벽 2시에 현관 앞에서 잠들어버린 아이의 사진을 함께 보냈기 때문에 법적 조치를 피할 수 없었다. 법원에서는 수연 씨에게 6개월간의 상담 처분을 내렸다.

수연 씨로서는 도저히 납득하기 어려운 명령이어서 상담 기관에 오고 싶은 마음이 없었다. 관계 기관 담당자의 설득에 오기는 했지만 딸아이가 나쁜 길로 가는 걸 막기 위해 나름대로 최선을 다했다는 생각에는 변함이 없었다. 무엇보다 상황을 모르는 사람들에 의해 자신이 잘못했다고 언급되는 것을 불쾌해했다.

수연 씨는 3년 전 이혼해 딸과 단둘이 살고 있다. 사실 수연 씨 자신도 이혼 가정의 자녀였기 때문에 그동안 이혼만은 절대 하고 싶지 않아서 힘든 시간을 버텨왔다. 그러나 남편의 반복되는 거짓말과 카드 빚, 그리고 외도까지 겹치면서 더 이상 결혼 생활을 지탱할 자신이 없었다. 양육비 같은 건 기대할 수도 없을 정도로 무책임한 남편이었다. 수연 씨는 양육비를 포기하고라도 아이와 잘 살고 싶어서 결국 이혼을 선택했다.

남편을 닮은 아이는 어릴 때부터 자기중심적이었고, 말썽을 많이 부렸다. 특히 어릴 때부터 별다른 죄책감 없이 태연하게 거짓말을 했다. 아이의 이런 모습을 볼 때마다 수연 씨는 화를 참을 수가 없었다. 이혼 전에는 이 모든 것이 남편의 모습을 보고 자랐기 때문이라고 생각했는데, 아이의 문제 행동은 이혼 후에 더 심해졌다.

수연 씨의 일하는 시간이 늘어나면서 아이에게는 도벽도 생겼다. 거짓말이나 도벽은 처음에 싹을 잘라야 한다는 걸 알고 있기에 이런 문제가 생길 때마다 엄하게 다스렸다. 아이에게 훈육 차원의 심한 체벌도 했다. 그러나 효과는 그때뿐이었고, 아이는 반성하는 기미도 없이 문제 행동을 반복했다.

사건이 일어난 날도 아이가 지갑에서 돈을 가져간 것은 자신이 아니라고 우기는 바람에 감정이 격해져 아이를 내쫓은 것이었다. 그러나 수연 씨도 편안하게 잠을 잔 건 아니다. 밤새 내다보면서 쪽잠을 잤으니까 훈육적 차원이 맞다. 자신도 어릴 때 도벽 때문에 아버지와 새어머니에게 심하게 맞았는데 그 덕분에 멈출 수 있었다고 했다. 딸아이에게 엄격하게 해도 여전히 문제에서 벗어나지 못하는 걸 보면 본인보다는 남편 쪽을 닮은 것 같다고 생각했다.

지금까지의 이야기는 수연 씨가 상담 초반에 억울함을 토로하면서 했던 이야기다. 나는 수연 씨의 이야기를 들으면서 그녀가 어린 시절 경험한 훈육 방법과 딸이 도덕적으로 해이한 남편을 닮았다고 불안해하는 마음 등을 고려할 때 체벌이나 학대는 그 당시 수연 씨가 생각해 낼 수 있는 최선의 훈육이었을지도 모른다는 생각이 들었다.

　먼저 자신이나 자녀에 대해 새로운 시각을 갖도록 수연 씨에게 다소 낯선 질문을 했다. "어머니는 아이를 잘 기르고 싶어서 어머님의 삶도 희생했다고 말씀하셨는데, 절반의 성공은 하셨네요. 초등학생이 '아이가 해야 하는 행동'이나 '어른들이 싫어하는 행동'을 이해하기 쉽지 않은데, 따님은 그걸 이미 알고 있군요. 아이가 알고 있는 것을 실천으로 옮기지 못해서 현재는 거짓말을 하고 있지만, 무엇이 옳은 것인지를 어린 자녀에게 이해시키기는 쉽지 않았을 것 같아요. 어머님은 어떤 방법으로 이해시키셨나요?"라고 물었다.

　나는 이 질문을 통해 수연 씨에게 딸의 거짓말은 아이가 '자신이 하고 있는 것이 어른들에게 받아들여지지 않는 행동'이라는 도덕적 판단력을 이미 가지고 있기 때문이라는 점을 알리고 싶었다. 그리고 어머니가 아이에게 도덕적 기준을 심어주는 데 성공했다는 점을 부각하여 양육자로서 어머니의 자긍심을 높이고 싶었다. 이 같은 성공의 경험을 나누면서 어머니를 아이의 행동 교정에 대한 아이디어를 함께 고민할 수 있는 조력자로 만들어 이후의 상담에 대한 기대를 높였다.

　또한 자녀가 알고 있는 것을 행동으로 옮기지 못하는 것에는 초등학교 4학년의 발달적 특징과 더불어 이혼 가정의 자녀들이 가진 특성 등 여러 가지 심리적 요인이 내재되어 있음을 상담 과정에서 다뤘다.

　수연 씨는 이런 과정을 통해 자신의 무지에 대한 죄책감, 아이에 대한 미안함 등 심리적으로 동요하기 시작했다. 나는 잘 몰라서 하는 실수는 잘못이 아니라고 생각한다는 점을 알리면서, 잘 몰라서 잘못했다면 그것을 깨닫는 순간 다른 방법을 선택하면 된다고 위로했다. 그것은 평소 내가 내담자들을 만나면서 그들이 잘 몰랐다는 것을 이해한 순간부터 새로운 장을 여는 경험을 자주 했기 때문에 할 수 있는 표현이었다.

　세상에 나쁜 부모, 나쁜 자녀는 없다. 단지 뭘 해야 할지 모르는 어른과 아이가 있을 뿐이다. 자녀가 어떤 문제에 맞닥뜨렸을 때 아이가 보이는 문제 행동만 볼 수 있으면 좋은데 안타깝게도 그렇지 못한 경우가 많다. 문제 행동과 아이를 동일시하기 때문에 '아이가 다른 사람의 물건에 손을 대었다'가 아니라 '물건을 훔친 아이'라고 인식한다.

　이렇게 문제 행동과 자녀를 동일시하면 자녀를 몰아세우게 되어 본의 아니게 자녀의 정체성까지 상처를 주게 된다. 그리고 그렇게 몰아세우면서 부모 자신도 정서적으로 타격을 입는다. 결국 자녀의 훈육 과정에서 서로 상처를 받게 되는 것이다.

　어떤 부모는 아이가 예쁘지 않다고 호소하고, 아이 역시 내 엄마가 아니었으면 좋겠다고 말한다. 그 순간 내 귀에는 '나 여기 있어, 나를 사랑해 줘'라는 부모나 자녀의 마음의 소리가 들려온다. 이렇게 단단히 꼬여버린 부모 자녀의 문제를 해결하기 위해서는 운동화의 매듭진 끈을 시간을 들여 하나하나 조심히 풀어내는 것처럼 단번에 문제를 해결하고자 조바심 내지 않고, 부모와 자녀가 서로를 믿으며 인내하는 노력이 필요하다.

가족과의 이별,
제대로 애도하기

소중한 사람을 잃었을 때
가장 확실한 처방전은 마음껏 슬퍼하는 것이다.

————————

배우자나 부모, 친한 친구 등 소중한 사람과의 이별은 개인에게
커다란 스트레스가 되고 많은 슬픔을 동반한다. 심지어 슬픔이 깊어
서 자신의 삶을 제대로 살아내지 못하게 될 것이라고 느끼는 감정은
지극히 자연스러운 일이다.

이런 아픔은 간단하게 극복될 수 있는 것은 아니므로 심한 경우
에는 신체적, 심리적 질병의 원인이 되기도 한다. 따라서 이별이나
사별을 경험할 때는 자신의 마음을 돌보려는 노력도 게을리해서는
안 된다.

소중한 사람을 잃었을 때 가장 확실한 처방전은 마음껏 슬퍼하는
것이다. 그런데 어떤 사람은 슬픈 감정을 억누르고, 무리하게 명랑
하고 활기찬 행동을 하기도 한다. 특히 주위 사람을 힘들게 하고 싶
지 않은 따뜻한 마음의 소유자이거나 이 정도로 무너지는 약한 인간

이 되고 싶지 않다고 생각하는 사람들이 이런 행동을 하는 경향이 있다.

그러나 상실의 슬픔을 극복하기 위해서는 누구에게나 어느 정도의 시간이 필요하고, 그 시간 동안 확실히 애도하는 것이 바람직하다. 여기서는 갑자기 소중한 가족을 잃었는데 그것에 대한 감정을 가족끼리 충분히 나누지 못해서 힘들어했던 어느 대학생의 이야기를 통해 애도 작업의 중요성을 살펴보려고 한다.

대학교 1학년인 현아는 자신을 객관적으로 알고 싶어서 심리 검사를 하고 싶다며 학생 상담 센터를 찾았다. 심리 검사 결과를 해석하기 위해 다시 센터를 찾은 현아는 결과보다 상담 절차에 대해 더 많은 관심을 보였고, 상담원이 상담을 권유하자 기다렸다는 듯이 예약을 했다.

현아는 첫 상담이 끝나갈 무렵 갑자기 나에게 "'4월은 가장 잔인한 달'이라는 시를 아세요?"라고 물었다. 이과생인 현아가 엘리엇(T.S. Eliot)의 '황무지'라는 시에 대해 이야기하는 것이 다소 의외였다. 현아는 4월이 되면 기분이 다운되어 안절부절못하고 몸도 아파서 아무것도 하기 싫고, 심할 때는 죽고 싶은 생각이 들어서 자신에게는 4월이 잔인한 달이라고 했다.

그다음 시간에 만났을 때 현아에게 4월이 특별한 의미가 있는 달인지를 물어보았지만, 그녀는 별다른 것이 없다고 했다. 상담을 진행하면서 돌아가신 어머니의 생일이 4월이라는 것을 알게 되었지만 그녀는 대수롭지 않다는 듯이 "엄마는 10월에 돌아가셨고, 초등학교 6학년 때여서 지금은 아무것도 하지 않는데….”라며 얼버무렸다.

나는 현아가 힘든 4월을 보내는 것은 본인은 의식하지 못하지만 소중한 사람을 잃은 사람들에게서 볼 수 있는 기념일 반응이라고 보았다. 현아는 회기가 거듭되어도 어머니에 대한 이야기는 교묘하게 피했다. 학업이나 교우 관계도 살펴보았지만 특별한 이슈가 없어서 상담을 종결하려고 했을 때 현아는 엄마의 자살 이야기를 꺼냈다.

소중한 사람이 자살을 했을 때 사람들은 일반적으로 슬픔 이외에도 여러 가지 복잡한 감정을 가지기 때문에 현아가 그동안 어머니의 이야기에 보였던 반응을 이해할 수 있었다. 현아의 어려움은 가까운 가족끼리 엄마의 죽음에 대한 애도 작업을 제대로 하지 못한 것에서 기인한 것이었다.

안타깝게도 자살한 어머니를 발견한 것은 학교에서 돌아온 어린 현아였다. 현아는 그것을 아버지에게 알렸고, 서둘러 장례를 치른 가족들은 더 이상 엄마에 대한 이야기는 하지 않았다.

세 살 위인 오빠와 아버지는 그날 이후 아무 일도 없는 것처럼 잘 지내는 것 같았다. 그런데 현아는 지금도 엄마가 왜 자살을 했는지

고민하고 있다고 했다. 아무리 생각해도 이유를 찾을 수 없고, 때로는 그날 아침 아무렇지도 않게 "학교 잘 갔다 와."라고 말한 엄마에게 배신감을 느낀다고 했다.

나는 여러 회기에 걸쳐서 자살의 원인은 하나가 아니고 여러 가지 사건이 복잡하게 얽혀 있기 때문에 자살 전 엄마의 기분이나 이유를 정확히 알 수 없다는 점과 자살 직전의 사람들은 죽음밖에 보이지 않기 때문에 현아가 할 수 있는 것은 없었을 것이라는 점을 강조했다. 그리고 슬픔을 표현하는 방법은 모두 다르기 때문에 남겨진 가족들도 죽음을 받아들이는 방법이 각각 다를 수 있음을 덧붙였다.

사별이나 이별 등으로 소중한 사람을 상실한 경우에 생기는 깊은 슬픔의 감정을 '비애(grief)'라고 하는데, 이러한 비애는 사람에 따라 다르지만 시간과 함께 조금씩 사라진다. 어떤 사람은 몇 달 만에 극복하는가 하면 여러 해가 지나도 극복하지 못하는 사람이 있는데 현아는 아직 진행 중인 듯했다.

사람마다 다르긴 하지만 슬픔을 어중간한 상태로 두지 않고 완전히 슬퍼하는 것이 중요하기 때문에 현아가 나와의 상담을 통해 나름대로 어머니의 죽음에 마침표를 찍었으면 좋겠다고 생각했다. 그래서 나는 현아에게 공부에 몰두하거나 무언가 다른 일로 신경을 분산시키면서 슬픔이라는 감정을 교묘하게 감춘다고 해도 슬픔이 없어지는 것은 아니라는 점을 함께 나눴다.

지금 자신이 겪고 있는 감정들이 자연스러운 부분이라는 점을 어느 정도 이해한 현아는 다른 고민을 꺼냈다. 지금까지 친한 친구들에게도 엄마의 자살에 대해 말한 적이 없지만, 얼마 전 사귄 남자 친구에게는 이 사실을 알려야 할지 고민하게 된다는 것이다.

나는 그 순간 현아가 남자 친구에게 진실을 말하고 싶다는 마음보다는 남은 가족들과 함께 나누지 못한 애도의 감정을 남자 친구에게서 보상받고 싶어 한다고 느꼈다. 내가 "현아가 엄마의 이야기를 나누고 싶은 대상은 아버지와 오빠가 아닐까?"라고 하자, 현아는 "그때 아빠가 오기 전에 내가 무언가 했어야 했는데…."라고 울먹이며 자책했다. 그리고 이어서 '아빠나 오빠가 엄마의 죽음에 대해 말하지 않는 것은 그때 내가 뭔가 잘못했기 때문일 것'이라고 덧붙였다.

나는 이 말을 들으면서 엄마의 죽음 앞에서 두려웠던 자신의 감정을 드러내지 못한 채 오히려 자신을 자책하면서 지냈을 현아의 사춘기가 안타까웠다. 현아가 하고 있는 자책 역시 모든 사람이 느끼는 자연스러운 감정이라는 점을 강조하면서 자신을 탓하지 말고 힘들 때는 그 감정을 드러내도록 격려했다.

중요한 사람을 상실한 슬픔은 같은 기분을 공유할 수 있는 사람과 이야기하는 것으로 가벼워지는 경우도 있다. 현아의 경우에는 남자 친구가 현아의 상실에 대한 애도 감정을 충분히 공유할 수 있는 사람인지에 대한 확신이 내게 없었기 때문에 친한 사람에게 비밀을 가지는 것은 괴로운 일이지만, 감추는 것이 곧 나쁜 일은 아니라고 말해 주었다. 그리고 전혀 모르는 사람이지만 비슷한 경험을 한 사람들과 감정을 공유하는 것도 도움이 되기 때문에 보다 안전한 자조모임(같은 문제를 가진 사람들이 감정과 경험을 공유함으로써 서로 도움을 얻기 위한 자발적인 모임)을 찾아보도록 권유했다.

대부분의 경우 상실에 대한 이야기를 자주 나누다 보면 현실을 조금씩 받아들이게 된다. 그러나 슬픔을 극복하는 데 정해진 길은 없다. 내 감정을 있는 그대로 느끼면서 슬퍼하거나 힘들어하는 가운데 조금씩 새로운 인생의 목표가 생길지도 모른다.

시간과 인내가 필요한
재결합 가족

재혼을 하는 부모들은 무엇을 어떻게 말할 것인지를 부부 사이에 결정해 두고
아이의 발달 단계에 맞게 반복적으로 설명하는 것이 바람직하다.

재결합 가족은 모든 가족이 죽음이나 별거와 같은 커다란 상실
경험을 가지고 있으며, 서로 다른 경험과 전통, 가치, 기대를 가진
사람들이 갑자기 모여 한 가족을 이룬다는 특징이 있다. 전형적인
가족생활 주기에서 형성된 가족 역사가 없기 때문에 이들이 가정생
활을 하면서 다른 가족보다 긴장감을 더 느끼는 것은 자연스러운
일이다.

재혼한 부부들은 결혼 생활이 또다시 실패할지도 모른다는 두려
움 때문에 가정생활에서 자신들의 부정적인 감정을 좀처럼 드러내
기가 어렵다. 때로는 새롭게 형성한 부부 관계보다 새로운 자녀들
과의 유대를 우선으로 생각하여 새로운 결혼에 긴장을 초래하기도
한다.

재결합 가족의 자녀들이 겪는 어려움 중 가장 큰 문제는 충성심의 문제다. 이들은 원가족에 대한 충성심을 그대로 유지하고 있기 때문에 새롭게 맺어진 의붓부모와의 관계를 지나치게 서두르면 이전 부모에 대한 충성심이 강화되어 문제 행동으로 이어질 수 있다. 의붓부모 역시 새로 맞이한 의붓자녀가 이전 가족에 대한 충성심의 감정으로 고민한다는 것을 알게 되면 실망하면서 갈등하게 된다.

여기서는 재혼 후 서둘러 한 가족이 되려고 노력하다가 오히려 상처를 받은 가족의 이야기를 통해 자녀들이 스스로 충성심의 문제를 정리할 수 있도록 충분한 시간을 가지고 새로운 가정을 만드는 것이 중요하다는 점을 함께 나누고 싶다.

중학생인 철민이는 일 년 전 재혼한 새어머니와 사이가 좋지 않아 아버지의 의뢰로 또다시 상담실에 왔다. 사실 철민이는 초등학교 3학년 때 친어머니의 임종을 목격한 뒤로 일 년 가까이 놀이 치료를 받은 경험이 있었다.

당시 철민이는 말로 표현하지는 않았지만 홀로 어머니의 죽음을 지켜봐야 했던 두려움을 놀이 과정을 통해 드러내면서 안정을 되찾았다. 철민이와 함께 두 살 터울인 형의 정서적 어려움에 대해서도 신경을 많이 썼던 아버지는 아이들이 건강하게 자랄 것이라 안심하며 상담을 종결했는데, 5년이 다 되어가는 시점에 다시 상담실을 찾은 것이다.

그동안 아버지는 주위에서 여러 번 재혼 권유를 받았지만 초등학생인 두 아들의 정서적 안정을 위해 본가의 도움을 받아가며 홀로 아이들을 키웠다. 철민이 아버지는 자신이 그동안 자녀 위주의 생활을 했기 때문에 아이들도 엄마의 죽음에서 점점 안정을 찾았다고 말했다. 그러다 철민이가 중학교에 들어가면서 재혼을 하기로 결정한 아버지는 아이들을 잘 키워줄 배우자를 맞이하고 싶어서 많은 애를 썼고, 마침내 그런 상대를 만나서 결혼했다.

39세의 미혼이었던 수미 씨는 주변의 소개로 철민이 아버지를 만났다. 그녀는 홀로 두 아이를 키우면서도 자기관리를 잘하는 외모, 자상한 배려, 가정적인 모습에 반해 결혼을 결심했다. 자녀들을 잘 키워줄 아내를 기대하는 철민이 아버지의 기대에 부응하기 위해서 결혼 전에는 부모 교육도 수강했다.

아이들과 처음 함께 만난 식사 자리에서 철민이 아버지는 수미 씨를 엄마가 될 사람이라고 소개했다. 식사를 마치고 집에 온 아버지가 "어떠니? 너희가 원하지 않으면 아빠는 지금처럼 살 거야."라고 자녀들의 의사를 물었는데, 두 아이의 반응은 조금 달랐지만 어쨌든 아이들의 허락을 받아서 홀가분하게 결혼 준비를 할 수 있었다.

수미 씨가 가족이 된 첫날, 아버지는 두 아이에게 "우리가 하루 빨리 가족이 되려면 엄마라고 부르는 게 어떨까?"라고 제안했는데 아이들의 반응이 나쁘지 않았다. 그 후 두 아이는 '엄마'라는 단어는 쓰지 않았지만 필요할 때는 '어머니'라고 불러줬다. 수미 씨도 엄마가 아닌 어머니라고 불리는 것은 좀 섭섭했지만, 그래도 두 아이를 선물받은 기분이 들어서 좋은 엄마가 되기로 결심했다.

지금까지 살아온 생활 방식과는 바뀐 부분이 많아서 네 식구 모두 어색하고 실수도 많이 했지만, 수미 씨의 노력으로 많은 부분이 해소되었다. 부모 교육을 받을 때 배운 것처럼 시간적 여유가 있을 때마다 가족들이 함께 대화하는 시간도 가지려고 노력했다. 무엇보다 아이들의 감정을 읽어주는 대화의 기술은 가족의 화목을 다지는 데 많은 기여를 했다.

어느 정도 가족의 유대감이 생겼다고 생각한 아버지는 그동안 자신이 하던 아이들의 학교나 학원과의 접촉을 수미 씨에게 맡겼다. 그때부터 큰아이와 달리 철민이는 여러 가지 문제를 일으키기 시작했다. 수미 씨와 잘 지내다가 느닷없이 화를 낸다든지, 아버지에게 수미 씨가 자신을 때렸다고 거짓말을 하기도 했다. 수미 씨가 사실을 확인하면서 아이가 잘못했다는 것을 알려주려고 하면 '엄마도 아닌 주제에….'라는 모욕적인 표현을 쓰기도 했다. 최근에는 자신을 밀치는 신체 폭력도 있어서 처음에 잘 지내던 관계가 왜 이렇게 어렵게 되었는지 이해하지 못한 수미 씨는 남편에게 도움을 요청했다.

나는 수미 씨의 이야기를 들으면서 아버지가 아이들의 엄마가 아닌 자신의 배우자를 찾았다면, 그리고 너무 성급하게 엄마 역할을 강요하지 않았다면 이 가족은 어땠을까라는 생각을 해봤다.

철민이네 가족은 이혼 가족과 달리 어머니를 잃은 상실감을 공유할 수 있어서 그동안 세 식구의 결속력이 상당히 높았다. 그런데 어느 날 모르는 여자를 '엄마가 될 사람'으로 소개받은 자녀들은 내심 당황했을 것이다. 그래도 아이들은 아버지를 기쁘게 하고 싶다는 마음과 또 한편으로는 아버지가 원하는 대로 하지 않으면 아버지에게 버림받을지도 모른다는 두려움 때문에 어른스럽게 그 상황을 받아들였다고 생각한다. 예의 바르게 어머니라고 부르기도 하지만 이때 느끼게 되는 혼란, 슬픔, 분노의 감정을 표현하지 못한 채 새로운 가정생활을 시작한 것이다. 그렇지만 마음속 깊은 곳에 자리 잡은 복잡한 감정들은 어떤 식으로든 드러나기 마련이다. 어떻게 반응하는가는 자녀의 연령과 성숙 정도에 따라 다른데, 엄마의 임종을 선명하게 기억하는 철민이가 느끼는 정서적 혼란은 더 심했을 것이다.

많은 재결합 가정이 새롭게 형성하는 부모 자녀 관계에서의 어려움을 호소한다. 재혼을 하는 부모들은 무엇을 어떻게 말할 것인지를 부부 사이에 결정해 두고 아이의 발달 단계에 맞게 반복적으로 설명하는 것이 바람직하다. 그리고 부모가 재혼을 해도 이전의 부모 자녀 관계는 존중할 것이라는 점을 알리는 것이 중요하다.

재혼하는 부부는 당연히 새로 시작되는 가정에 대한 기대가 있어서 새롭게 관계를 맺는 아이들과 친밀감이 유지되는 애정적인 가정을 꿈꿀 것이다. 그런데 아이들의 경우에는 계속해서 의붓부모가 떠나고 그 자리에 이전 부모가 되돌아오기를 기대한다. 이처럼 서로 다른 기대를 가지고 출발한다는 것을 인정해야 재결합 가정의 시행착오를 줄일 수 있다.

정체성의 혼란,
다문화 가족

정체성 혼란의 원인은 부모 중 어느 쪽도 두 나라의 부모를 가진 자신이
다른 친구들과 다르다는 점을 일깨워주지 않았다는 것이다.

———————

2019년도 전체 혼인 중 외국인과의 혼인 비중이 9.9%일 정도로 국제결혼이 증가하고 있다. 이렇듯 다른 문화적 배경을 가진 두 사람이 결혼하면 자신에게는 당연한 것이 상대에게는 그렇지 않을 수 있다는 점을 이해하고 받아들여야 한다. 이때 필요한 것은 둘 사이의 문제에 대해서 서로 이야기를 나누는 것인데, 다문화 가정의 경우에는 언어가 의사소통의 걸림돌이 된다. 따라서 부부가 가진 다른 문화나 전통, 생각이 섞이기 위해서는 그야말로 부단한 노력이 필요하다.

초등학교 2학년인 희선이는 얼마 전 불안 장애라는 진단을 받았다. 5살 때도 틱 장애로 병원에 다닌 적이 있었는데 시간이 지나면

서 증상이 사라졌기 때문에 부모는 '무서워서 잠을 잘 수 없다, 가슴이 두근거리고 언제나 목에 무언가 걸린 것 같다'는 아이의 호소를 예민한 성격 탓으로 돌리면서 성장하는 과정이라고 이해했다. 그런데 시간이 지나도 나아지지 않아서 병원에서 심리 검사를 한 결과 스트레스로 인한 불안 장애라는 진단을 받은 것이다.

희선이의 부모는 국제결혼 커플로 아버지는 한국인, 어머니는 일본인이다. 부모는 미국에서 어학연수를 하던 중 만나 양가의 반대를 무릅쓰고 결혼했다. 부부는 귀국을 앞두고 한국과 일본 중 어디에 정착할 것인지에 대해 많은 고민을 했는데, 일본에 정착하고 싶은 마음이 컸던 아내의 양보로 한국에서 살게 되었다.

귀국하기 전 부부는 영어로 의사소통을 했지만, 아내는 한국어를 못 하는 자신을 답답해하는 시집 식구들을 보면서 한국어를 열심히 배웠다. 일 년쯤 지나자 시집 식구들의 말을 알아들을 수 있게 되었지만, 때로는 어떤 부분이 그들을 웃게 하는지 알 수 없어서 '난 영원히 이 집안사람은 될 수 없구나'라는 서글픔을 느꼈다고 한다. 이런 식의 문화적 차이는 조금씩 둔해져 갔는데, 태어난 아이의 이름을 지을 때는 시집과의 마찰이 있었다.

부부는 아기에게 여러 나라에서 쉽게 부를 수 있는 '리사'라는 이름을 지어주었다. 그리고 태어나서 3개월 안에 출생 신고를 하면 아이가 일본에서 이중 국적을 얻을 수 있기 때문에 그렇게 하기로 합의했다.

그런데 시집에서는 이중 국적은 물론 리사라는 이름도 안 된다고 하면서 유명한 작명소에서 희선이라는 이름을 받아 왔으니 이것을 호적에 올리라고 강요했다. 아내는 정말 납득할 수 없는 부분이었지만 남편의 설득으로 허락했다. 아내는 아직 집에서는 희선이를 리사라고 부른다.

일본인 아내에게 가부장적 사고를 가진 시집과의 관계에서 오는 어려움만큼 힘든 것은 주위의 편견이었다. 이웃들은 희선이네 가족이 '특정 종교의 신자'라고 수군거렸다. 아내도 80년대 특정 종교 교단에서 엄청난 수의 한국 남성과 일본 여성을 합동결혼시킨 사실을 알고 있기에, 한국 사람들이 그렇게 생각할 수 있다는 것을 이해하고 열심히 '종교가 없다'고 해명했다. 그러나 그녀의 말을 들으려 하지 않고 거리를 두는 이웃들에게 못내 서운했다. 그리고 독도, 위안부 문제로 한일 관계가 예민해질 때마다 주위를 의식하게 되어 스스로 집 밖을 나가지 못했다.

아는 사람도 많지 않은 한국 생활이 별로 행복하지 않았던 희선이 어머니는 시간적 여유가 생기면 그때마다 희선이를 데리고 일본으로 친정 나들이를 했다. 희선이는 일본에 가면 엄마는 매일 나가고 할머니와 단둘이 있어야 하는 게 힘들었다고 한다. 일본 할머니는 한국 할머니처럼 야단을 치지는 않았지만 할머니와 둘이 있으면 왠지 긴장되고 어려웠다는 것이다. 이런 이유로 희선이는 엄마와 둘이서만 일본에 가는 게 싫었다.

희선이는 부모가 이혼할지도 모른다는 막연한 불안을 느끼고 있었다. 부부는 의견이 갈리면 언제나 희선이에게 선택하도록 했는데, 이런 요구도 희선이를 긴장시켰다.

희선이는 엄마와 아빠가 싸울 때가 가장 무섭다고 했다. 이들 부부는 싸울 때는 한국어, 일본어, 영어를 뒤섞어 썼기 때문에 어린 희선이에게 더욱 두려운 상황으로 다가왔을 것이다. 이 말을 들은 어머니는 한국어를 잘 못하기 때문에 자신의 생각을 남편에게 잘 전달하려는 생각만 했고 아이가 어떻게 느낄지를 이해하지 못했다고 희선이에게 사과했다.

한국에 친구도 없고, 별다른 외부 활동도 하지 않는 어머니의 일상생활은 대부분 집에서 일본 TV를 시청하는 것이었다. 그런데 상담을 통해 엄마가 일본 TV를 시청하면 희선이의 불안 증상이 더 심해진다는 것을 알게 되었다. 어린 희선이에게는 언젠가부터 엄마의 일본 TV 시청은 곧 엄마가 일본으로 가버릴지도 모른다는 등식이 된 것이다. 연고가 없는 곳에서 생활을 하는 어머니의 어려움은 이해되지만, 희선이 어머니가 새로운 환경에 익숙해지려는 노력을 충분히 하지 않은 것이 희선이의 심리적 불안을 가중시킨 것으로 보였다.

다문화 가정은 여러 가지 곤란에 직면하지만 그중 자녀 교육에 관한 어려움이 크다. 자녀 교육 문제 중에서도 특히 자녀들의 학교 부적응 문제는 심각하다. 한국어가 미숙한 어머니와 많은 시간을 함께 생활하면서 오는 언어 지체나 학습 능력의 결여도 자주 언급되지만, 그보다 심각한 것은 외모나 말투의 차이로 인한 따돌림이다. 다문화 자녀들을 돌보는 전문가들은 대부분 또 다른 부모 나라에 대한 자부심의 상실, 정체감의 혼란, 의사소통 능력 부족을 학교 부적응의 원인으로 지적하고 있다.

희선이도 자신의 정체성에 대한 혼란이 심각했다. 이런 정체성 혼란의 원인은 부모 중 어느 쪽도 희선이에게 두 나라의 부모를 가진 자신이 다른 친구들과 다르다는 점을 일깨워주지 않았다는 데 있었다. 나는 상담을 통해 희선이에게 다문화 가정의 자녀로서 정체성을 심어주려고 애썼고, 이것을 두 나라의 부모를 가졌기 때문에 미래 사회에서도 두 나라의 가교 역할을 할 수 있다는 자부심과 연결시켰다.

우리나라 국제결혼의 상대는 90% 이상이 베트남, 중국, 태국, 필리핀에서 온 이주 여성들이다. 하지만 오랫동안 단일 민족의 자부심을 가지고 있는 우리 사회는 안타깝게도 아직은 다문화 가정을 받아들일 여유가 없는 것 같다. 국가적인 차원에서 다문화가정지원센터

등의 활동을 통해 다문화 가정이 가진 여러 문제를 풀어내려고 노력하고 있지만 이들에 대한 사회적 편견과 차별은 여전한 듯하다.

2007년 19세의 베트남 여성 후안 마이가 결혼한 지 한 달 만에 40대 한국인 남편의 폭력에 의해 숨진 사건을 기억한다. 이 사건을 맡은 판사는 판결문에서 '이것은 우리 사회의 미숙함을 그대로 드러낸 사건이다. 우리나라보다 어렵게 사는 나라에서 여성을 수입품처럼 들여와 의사소통도 되지 않는 남녀가 함께 살기로 결정하면 결혼이 완성되었다고 생각하는 우리의 무모함이 가져온 필연적인 비극'이라고 하면서 우리 사회의 성숙하지 못한 부분을 지적하고 반성했었다. 그러나 오랜 시간이 지난 지금까지 심심치 않게 들려오는 이주 여성의 가정 폭행 사건을 접할 때마다 우리 사회의 미숙함은 현재도 여전히 진행형이라는 생각에 씁쓸한 마음을 금할 수가 없다.

상처받은 관계를 회복하기 위한 가족 심리 테라피

Part 4
가족이지만 사과는 필요해

family

t h e r a p y

가족은
바람이 조금만 불어도
모두 함께 흔들리는 모빌과 같다.
안정된 상황에서 보면
모빌은 각자의 끈을 가진 제각각 다른 형상이지만,
하나가 흔들리면
자신의 의지와 상관없이 같이 흔들린다.
이것이 곧 가족의 특성이다.

상담실에 온 가족들에게서 많이 듣게 되는 대화 중 하나는 "내가 그때 분명히 사과했잖아!", "난 그런 사과 따윈 필요 없다니까!"이다.

가정은 가족이 아니면 들여다 볼 수 없는 탈의실과 같아서 제삼자 앞에서는 드러내지 않을 허점을 많이 보인다. 좀처럼 실수하지 않는 사람도 긴장을 풀면서 편안한 옷을 입고 쉴 수 있는 공간이 가정인 것이다. 나는 그런 가족의 기능을 높이 평가한다. 실수가 두려워 집에서도 정장을 입고 있기보다는 편한 복장으로, 때로는 속옷 차림으로 있어도 좋다고 생각한다.

사회 지도층인 아버지를 둔 어느 청소년이 내게 와서 "아빠는 위선자 같아요. 다른 사람들에게는 인자한데 집에서는 골 때려요."라고 말했다. 나는 그 청소년에게 "아빠가 누군가를 보살피려면 아빠도 그만큼 보살핌을 받아야 하는데 그걸 가족들이 하는구나. 아빠가 밖에서 표현하지 못한 것들을 드러내도록 뭘 하고 있니?"라고 물었던 기억이 있다.

이렇듯 사람은 다른 어느 곳보다 가정에서 실수할 가능성이 크고, 사과를 해야만 하는 상황이 전개될 개연성도 높다. 상담실에서 만나는 가족 중에는 분명히 사과를 했는데 오히려 그 사과 때문에 가족의 마음이 더 닫히는 경우도 있다. 이런 경험을 통해 나는 가족 간의 사과는 마음에서 우러나는 사과일 때 가장 빛나는 것이며, 건강한 가족의 지표는 사과하는 기술에 있다고 생각한다.

가정생활에서 가장 반짝이는 사과는 어린 시절 부모에게 야단을 맞고 눈물을 흘리면서 진심으로 "미안해요."라고 사과했던 그 순간이 아닐까 싶다. 누구라도 이런 기억을 한두 개쯤 가지고 있을 것이다. 그때 진심으로 사과할 수 있었던 것은 우리의 초점이 오롯이 '실수, 사과, 용서'에 맞추어져 있었기 때문이다.

그런데 나이가 들면서 가족끼리는 어릴 때처럼 순수한 사과를 하기가 점점 어려워진다. 어른이 되면서 가족 간에는 '내가 필사적으로 사과하지 않아도 어떻게든 해결된다'는 안일함이 마음속에 싹트기 때문에 마음에서부터 우러난 진심 어린 사과를 잘 하지 않는 것 같다. '그 일을 아내에게 사과하고 싶어', '그 사람에게 그 일에 대해 사과를 받고 싶어'라는 마음을 가지고 있으면서도 그것을 표현하지 않아서 가정 내 많은 갈등이 발생한다. 이렇듯 가족들이 가진 어려움의 대부분은 '사과와 용서'를 둘러싼 문제다.

대부분의 심리학자들은 사람답게 살기 위해서는 '자존감'이 필요하다고 말한다. 나 역시 자존감은 인간의 생존에 있어 매우 중요한 요소라고 생각한다. 자존감은 다른 사람들이 자신을 보는 것과는 별개로 자기 자신에게 가지는 애착, 사랑, 신뢰다.

자존감을 높이는 지름길은 자신의 유일성과 동질성을 조화롭게 지켜가는 것이다. 유일성이란 '모든 사람은 전부 다르며, 이 세상에 나와 똑같은 사람은 없다. 나는 오직 나 하나뿐이다'라고 생각하는 것이다. 한편 동질성이란 '모든 인간은 같으며, 나도 다른 사람과 같다'라는 생각이다. 우리는 이론적으로는 각 가족 구성원이 '나와 다른 점도 있고, 같은 점도 있는 개별적 인간'이라는 인식이 가족의 성장을 돕는다는 것을 이해하지만, 사실 가정은 유일성보다는 동질성을 더 가치 있게 생각하는 집단이다.

가족은 바람이 조금만 불어도 모두 함께 흔들리는 모빌과 같다. 가족들에게 어떤 위기가 닥쳤을 때 '그건 나와는 상관없는 일이니까'라고 머릿속으로 수백 번 되새겨도 어느새 가족과 뒤엉켜 안절부절못하는 자신을 발견한 경험이 있을 것이다.

안정된 상황에서 보면 모빌은 각자의 끈을 가진 제각각 다른 형상이지만, 하나가 흔들리면 자신의 의지와 상관없이 같이 흔들린다. 그것이 곧 가족의 특성이다.

사람들은 가족이 가진 동질성을 근거로 함께 사랑을 주고받지만 동시에 유일성을 인정받기 원한다. 이런 과정에서 우리는 가족 간에 많은 오해와 갈등이 생기는 것을 경험한다. 대부분의 가족들은 이런 갈등을 겪으면서 그 속에서 서로의 다름을 인정하고, 사과하고, 용서하면서 성장한다.

건강한 각 개인으로 구성된 가정일수록 사과를 필요로 하지 않는 순간은 없다. 가족 치료 분야의 선구자인 사티어(V. Satir)는 '같다는 것은 우리를 안정으로 안내하지만, 다르다는 것을 받아들이면 성장할 수 있다'고 강조했다. 따라서 나는 많은 가정이 사과를 두려워하지 않고, 건강한 사과의 방법을 통해 서로를 용서하는 여유를 나누기를 바란다.

가족이라서
더 어려운 사과

핵심이 되는 사건 이외에 그것에 대해 걸었던 기대, 그런 기대에 부응해 주지 않은
상대에 대한 원망 등 여러 감정이 뒤엉키면서 풀기 어려운 실타래를 만든다.

─────────

언젠가 가족 상담과 관련된 강의를 하면서 수강생들에게 가족 간에 싸움이 일어났을 때 어떻게 대응하는지 물어본 적이 있다. 당연한 이야기지만 많은 학생들은 자신이 무언가 잘못을 했다면 먼저 사과를 한다고 답했다.

그런데 좀 의외의 대답도 있었다. 적지 않은 수의 학생이 '내가 무언가 잘못을 했어도 사과하지 않는다'고 말한 것이다. '내가 잘못한 것은 맞지만 다른 사람도 아닌 가족이 그 정도로 화를 낸다는 것에 상처를 받아서 먼저 사과하고 싶지 않다'는 이야기였다.

이 말을 들으면서 상담실에서 가족들이 자주 하던 말이 떠올랐다. "잘못은 했지만, 그 정도를 가지고…." 가족 상담 장면에서 어떤 가족이 그런 말을 내뱉으면 나머지 가족들은 점점 풀기 어려운 실타

래처럼 꼬여 상황이 더 안 좋아졌던 경험이 여러 번이었다.

사람들은 어떤 사건의 잘잘못만을 따져서 사과를 하지는 않는다. 가족의 경우에는 특히 그렇다. 핵심이 되는 사건 이외에 그것에 대해 걸었던 기대, 그런 기대에 부응해 주지 않은 상대에 대한 원망 등 여러 감정이 뒤엉키면서 풀기 어려운 실타래를 만든다.

이미 여러 번 언급했지만 가족은 서로 영향을 주고받기 때문에 자칫 하나라고 생각하기가 쉽다. 복잡하게 뒤엉켜서 하나가 되어버린 감정에서 어디까지가 내 잘못이고, 어느 부분이 상대에 대한 서운함인지를 구별하기도 어렵다. 이런 상황에서라면 사과에 인색해지는 것은 당연한 일인지도 모르겠다.

열역학에는 에너지의 흐름을 설명하는 '엔트로피(entropy)'라는 단어가 있다. 이것은 유용한 에너지가 무용한 에너지로 변화하는 것과 관련이 있는 법칙이다. 쉽게 말하면 물체의 한 부분이 뜨거워지면 그것이 주변으로 번져서 결국 물체 전체가 뜨거워진다는 것이다.

물리학에서 무질서한 정도를 나타내는 이 개념은 뒤엉킨 감정의 가족에서도 자주 목격된다. 문제를 해결하고 싶다는 좋은 의도를 가지고 상담실을 찾았지만 상담 과정 중에 가족 중 한 사람이 감정적으로 변하면 분노의 감정은 순식간에 가족 전체로 퍼진다. 이렇게 되면 문제를 해결하고 싶다는 처음의 기대는 사라지고 부정적인 감정만 허공을 맴돈다. 상담실에서 자주 경험하게 되는 가족의 모습이다.

　몇 번의 가출 경험이 있는 고등학생인 형우는 스스로 원해서 상담에 온 게 아니었다. 상담을 거절하자 엄마의 회유와 협박이 이어졌다. 그런 건 두렵지 않았지만 엄마의 우는 모습은 외면하기 어려웠다.

　형우를 처음 만난 날, 나는 쉽지 않은 결정을 해준 형우에게 고마움을 표시한 후 이 상담에 대한 기대를 물었다. 출발이 좋아서였는지 형우는 '나도 집에 있고 싶다. 그래서 많은 노력을 하는데 엄마의 잔소리 때문에 집을 나가고 싶다는 생각이 하루에도 수십 번 든다. 나는 도저히 참을 수 없는 날만 집을 나간다.'고 어렵게 자신의 속마음을 털어놓았다. 이 말은 많은 변화의 가능성을 내포하고 있었다. '집에 있고 싶다, 노력한다, 집을 나가고 싶지만 나가지 않는 날이 더 많다'는 형우의 말에 초점을 두고 이야기를 전개한다면 해결을 위한 대화를 이어갈 수 있다고 생각하는 찰나였다.

　형우의 말이 끝나자마자 어머니는 내가 개입할 겨를도 없이 "네가 양심이 있으면 어떻게 그런 소리를 하니? 네가 몇 번이나 집을 나갔는지 잊었니? 네가 집을 나가지 않으면 내가 왜 잔소리를 하니?"라고 아들에게 화를 내기 시작했다. 형우는 "보셨죠? 엄마는 언제나 이런 식이에요. 이러니까 내가 집에 있고 싶겠어요?"라고 어머니를 비난했고, 어머니는 아들의 말에 다시 자극을 받아 아들의 인성, 교우 관계로까지 비난을 이어갔다.

아들 역시 어머니는 무조건 통제만 하면서 내가 어떤 마음인지 알려고는 하지 않는 편협한 사람이라고 맞받아쳤다. 이런 식으로 감정이 고조되면서 이들은 서로에 대해 객관적으로 볼 수 있는 기회로부터 점점 멀어져갔다.

사람들이 호소하는 '너는 가해자이고 나는 피해자'라는 패턴은 대부분 자신들 사이에 일어나는 악순환을 자기가 유리한 지점에서 마침표를 찍는 데서 비롯된다. 이렇게 마침표를 찍으면 상대는 원인 제공자이고 나는 피해자라고 느끼게 된다.

형우는 '엄마가 비난하고 잔소리를 하니까 나는 집에 마음을 붙일 수 없다. 그러니까 내가 이렇게 된 것은 모두 자기 마음대로 나를 통제하려는 엄마 탓이다.'에서 생각을 멈췄다.

어머니 역시 자신이 가장 유리한 부분에서 이야기의 마침표를 찍는다. 조금만 떨어져서 보면 맞물려 있는 순환 고리이므로 상대방의 마침표 위치는 나와 달라서 그쪽 역시 '너는 가해자이고 나는 피해자'라는 구도가 가능하다는 것을 알 수 있었을 것이다.

그러나 안타깝게도 처음 상담실을 찾은 가족들은 내용은 달라도 모두 자신들이 유리한 곳에서 마침표를 찍고 더 이상 상대의 이야기를 들으려 하지 않는 것이 일반적이다. 그리고 내가 피해자라고 느끼는 순간 마음속에는 미움, 서운함, 분노의 감정이 소용돌이치기 시작하면서 가족 전체로 부정적인 감정이 빠르게 번져나가고, 이는 긴장과 갈등을 불러일으킨다. 이것이 엔트로피의 법칙이 가족 안에서 보이는 힘이다. 이처럼 엔트로피의 법칙에 지배를 받은 가족에게는 그것의 반대 개념인 정보와 소통을 증가시키는 '네겐트로피(negentropy)'의 증가를 통해 가족 간의 질서를 유지할 필요가 있다. 나는 이것이 '사과'에서 시작된다고 생각한다.

나와 먼저
화해하라

자신이 정말 무엇을 원하는지를 깨닫게 될 때
사람들은 자신을 더 소중히 생각하게 된다.

———————

상담실을 찾은 많은 사람들은 "나를 소중히 여겨본 적이 없어요. 평생 그렇게 살아서 저도 모르게 그렇게 되어버리는데 이번에는 나를 소중히 여기고 싶어요."라는 말을 한다. 사티어의 자존감 향상, 화이트(M. White)의 주체 의식처럼 많은 상담자들은 상담의 궁극적인 목표를 '자신을 소중하게 여기고 존중하는 것'에 두고 있다.

자녀와의 갈등 때문에 상담에 왔던 명자 씨도 상담이 진행되면서 지금까지 스스로를 막 대해 왔다는 사실을 깨닫게 되었다. 그리고 자녀들에게 '너희들을 위해서…'라는 말을 늘 입에 달고 살았지만, 사실은 가족을 진심으로 소중하게 여기지는 않았던 것 같다고 말했다.

명자 씨는 꽤 규모가 있는 식당을 운영하며 안정된 생활을 하는,

세 명의 자녀를 둔 50대 여성이었다.

명자 씨는 막내딸이 갑자기 대학을 진학하지 않고 연기 학원에 다니겠다고 고집을 부려서 몇 달째 이 문제로 자녀와 갈등 중이었다. 큰딸은 어머니 뜻에 따라 좋은 대학을 졸업한 후 현재 번듯한 직장에 다니고 있다. 아들도 꽤 괜찮은 대학에 재학 중이어서 명자 씨는 아이들만 생각하면 그동안 산전수전 다 겪은 보람이 있다고 생각해 왔다. 그런 명자 씨에게 막내의 대학 포기 선언은 받아들이기 힘든 충격이었다. 그렇게 연기가 하고 싶으면 대학에 가서 연기를 전공하라고 하자, 아이는 정색을 하면서 자신은 너무 늦게 시작하여 그런 과에 붙을 실력이 안 된다고 했다.

사실 명자 씨가 상담을 온 이유는 고집을 피우는 막내딸 때문이 아니었다. 지금까지 믿어왔던 큰딸의 말 때문이었다. 큰딸은 "엄마는 나 하나의 희생으로는 부족해? 어렸을 때부터 엄마는 좋은 대학을 노래처럼 불렀어. 난 내가 왜 대학에 가야 하는지도 모르면서 엄마가 시키는 대로 공부하고 대학에 갔어."라는 의외의 발언을 하면서 명자 씨에게 상담을 권했다.

명자 씨는 시골에서 1남 3녀 중 장녀로 태어나 중학교를 졸업한 뒤 가난한 집안을 부양하기 위해 서울로 올라와 취직했다. 중3 때 담임 선생님은 명자 씨가 계속 상위권 성적을 유지했었기 때문에 고등학교 진학 대신 서울에서 취직하는 것을 안타까워했다.

명자 씨는 구로공단에서 5년간 일하면서 월급의 대부분을 시골 집으로 보내 동생들을 공부시켰다. 그런데 나이가 들면서 가족들이 인정하지도 않는 희생을 했다는 서운함 때문에 형제들과 멀어지게 되었다. 그리고 친정과의 관계가 소원해질수록 오로지 내 가족들을 위해서만 돈을 벌겠다고 결심했다.

명자 씨는 아직도 쪽방으로 가득 찼던 가리봉동의 뒷골목을 기억하고 있지만 그곳에서의 생활은 떠올리고 싶지 않았다. 사실 현재 주위에 있는 사람들은 명자 씨가 어릴 적에 구로공단에서 일했다는 사실을 모른다. 가끔 매스컴에서 '산업의 역군'으로 치켜세우면서 구로공단 여공들이 일하는 모습을 방영하면 자신이 나올까봐 마음이 불편하기까지 했다. 이럴 때마다 세 아이는 어떻게든 대학에 보내서 번듯한 사회인을 만들어야겠다는 생각이 강해졌다.

나는 명자 씨에게 아이들에 대한 기대 말고 자신은 어떤 삶을 살고 싶은지 물었다. 그랬더니 그녀는 당황한 기색이 역력한 채 "그런 건 생각해 본 적이 없네요…."라고 대답했다.

나는 내가 만난 내담자들이 상담을 통해 자신이 '다른 사람들과 다른 점도 있고 같은 점도 있는 유일한 인간'이라는 점을 깨닫게 하고, 동시에 자존감을 회복할 수 있도록 돕고자 노력한다. 그래서 내담자들이 사티어의 말처럼 '나는 나의 주인이며, 나는 나를 조절할 수 있다. 나는 나이며, 나는 괜찮다'라고 생각했으면 한다.

명자 씨는 이후 상담에서 자녀의 이야기는 별로 하지 않았다. 대신 자신의 지난 시절을 되돌아보면서 그때 자신의 작은 목소리에 왜 귀를 기울이지 않았는지에 대해 생각하고, 때로는 그 시절 자신을 위로하고 달래기도 했다.

어느 날 명자 씨는 상기된 표정으로 "내가 좋아하는 걸 하고 왔어요."라고 자랑했다. 곰곰이 생각해 봤더니 지금까지 다른 사람이 자신을 위해서 정성스럽게 밥을 차려준 적이 없다는 사실이 떠올랐고, 그래서 그 길로 좋은 식당에 가서 비싼 밥을 사 먹었더니 자신에게 조금은 덜 미안해졌다는 것이다.

내가 상담에서 만난 사람들은 자신을 소중하게 여기지 못하거나 자신과 화해하는 것이 서툴렀다. 대부분 자존감이 낮고, 자신을 부정적으로 인식하고, 남의 감정을 상하게 하는 것을 두려워했다. 또한 다른 사람의 보복을 걱정하거나 관계의 단절을 두려워했고, 남에게 짐이 되는 것을 원하지 않았으며, 사람이나 상호 작용 자체에 중요성을 부여하지 않았다.

이렇게 자신을 소중히 여기지 않는 사람들은 자신의 뜻대로 상황이 전개되지 않을 때 다른 사람의 감정만 살피면서 자신의 욕구를 억누르고 주변의 생각에 맞추려고 노력한다. 이런 상태가 지속되면 자존감이나 자기를 긍정적으로 보는 능력이 떨어져 점점 삶이 힘들어진다.

나는 자기를 이해하고, 스스로와 화해하는 것은 자신의 기분, 감정, 욕구를 소중하게 여기는 것이라고 생각한다. 명자 씨처럼 자신이 정말 무엇을 원하는지를 깨닫게 될 때 사람들은 자신을 더 소중히 생각하게 된다. '나는 이런 생각을 한다, 나는 이렇게 하고 싶다, 나는 이런 것은 하고 싶지 않다'라는 자신의 작은 목소리에 귀를 기울여서 그것을 표현하고 행동하는 것이 중요하다. 이것은 자신을 돌보는 것으로 '나는 전부 맞고 상대방은 틀리다'라는 자세와는 다르다. 이렇듯 나 자신과 화해하려고 노력하면 자신이 되고 싶은 미래의 모습이나 목표를 향한 구체적인 비전을 갖는 것이 한층 더 수월해진다.

반드시
실패하는 사과

선의가 있어도 제대로 된 사과의 방법을 모르는 사람들이 많다.
그런 사람들은 자신이 '미안해'라고 말했는데도
상대의 태도가 누그러지지 않는 이유를 이해하지 못한다.

————

많은 사람들이 가정 안에서 어떤 잘못을 했을 때 상대에게 어떻게 사과하면 좋을까를 진지하게 생각하지 않는 경향이 있다.

결혼한 지 얼마 되지 않은 한 여성은 상담 도중에 이런 말을 했다.

"남편은 부딪쳐서 제 옷에 커피를 쏟고도 사과하지 않았어요. '아, 실수했네. 그렇지만 가족인데 사과할 필요가 어디 있어'라고 생각했는지 아무 말 하지 않고 그냥 넘어가더라고요. 물론 가족이란 함께 모든 것을 나눌 수 있는, 예의를 차리는 관계가 아니어야 한다는 걸 알아요. 그렇지만 이런 때는 예의를 지켜야 하는 관계라는 걸 어떻게 알려 줘야 할까요?"

아직도 기억에 남는 대화 내용이다.

우리는 처음부터 마지막까지 일관된 태도를 보이는 사람을 보면 '저 사람은 믿을 수 있는 사람'이라고 생각한다. 그렇다고 해서 자신의 잘못을 알면서도 인정하지 않고 밀어붙이기만 하는 사람을 좋아하지는 않는다. 그런 사람은 자기 잘못을 인정하지 않고, 지금까지의 자신이 정당하다는 것을 입증하기 위해 그 잘못을 반복하는 경향이 있기 때문이다. 나는 그런 무모한 초지일관보다는 차라리 우왕좌왕하는 편이 낫다고 생각한다.

잘못을 인정하고 '미안해'라고 말하는 것에는 큰 용기가 필요하다. 거기에는 지금까지 잘못해 온 것에 책임을 지고자 하는 마음, 같은 상황이 되면 다음에 어떤 방법을 선택할 것인지에 대한 결단이 포함되어 있다.

그러나 선의가 있어도 제대로 된 사과의 방법을 모르는 사람들이 의외로 많다. 그런 사람들은 자신이 '미안해'라고 말했는데도 상대의 태도가 누그러지지 않는 이유를 이해하지 못한다.

변명으로 들리는 사과 : "미안해, 그렇지만…."

상처를 받은 사람이 가장 원하는 것은 무엇일까?

아마도 상처를 준 사람으로부터 진심 어린 사과와 배려가 담긴 말을 듣기 원할 것이다. 잘못의 크기와 관계없이 대부분의 사람들은 상대에게서 마음에서 우러나는 사과의 말을 듣고 싶어 한다. 그런데 변명으로 들리는 말을 해서 문제를 해결하기 위해 해온 지금까지의 노력을 한순간에 수포로 만드는 사람들이 의외로 많다.

성의를 담은 사과를 하고 나서 그 뒤에 '그렇지만'이라는 토를 달면 지금까지 했던 사과의 메시지는 사라지고 만다. 변명은 설명하는 것에 대해 이해를 구하거나 상대가 납득하도록 하는 것에 초점이 맞추어져 있다. 자신의 미안한 감정보다 상대방을 납득시키겠다는 의도가 더 짙게 담겨 있는 것이다.

나는 변명하고 싶은 마음이 생길 때마다 일본 작가 미우라 아야코가 말한 '일류 인간은 결코 변명하지 않는다'라는 문장을 떠올린다. 냉정히 생각해 보면 변명을 함으로써 사람들의 평가가 좋아지는 경우는 없다. 그런 사실을 알면서도 종종 변명으로 들리는 사과를 하게 되는 것은 우리가 일어난 사건을 시간적 배열에 따라 순서대로 기술하는 것에 익숙해져 있기 때문이다.

친구 집에 놀러 갔다가 10시까지는 집에 돌아오기로 약속했던 자녀가 11시가 다 되어 집에 돌아와서 부모에게 이렇게 말한다. "죄송해요. 10시까지 오려고 9시에 친구 집을 나왔는데 도착하기 직전 지하철이 떠나서 지하철을 기다리고, 내려서도 마을버스가 안 와서…."라는 식으로 시간의 흐름에 따라 일어난 일을 설명하는 것이다. 그런데 듣는 부모는 아이가 변명을 하는 것 같아 화가 나고, 아이가 앞에 말한 '죄송해요'라는 사과보다 긴 변명만 머릿속에 남는다.

이렇듯 이유나 과정이 먼저 언급되는 사과는 좋지 않은 사과다. '이번에 ~해서 미안해'라는 형태보다는 '정말 힘들게 해서 미안해. 앞으로는 ~할게'라는 톤의 표현이 바람직하다. 이처럼 먼저 사과를 한 후 그다음에 어떤 대안을 제시하는 순서가 사람들의 마음을 좀 더 열 수 있다.

회피를 위한 사과 : "미안해, 그렇게 생각할 줄 몰랐어."

●

"미안해, 네가 그런 식으로 생각하는지 몰랐어."라는 말은 말투는 그럴듯하지만 사실 사과라고 할 수 없다. 진정한 사과란 자신이 한 행동에서 초점을 벗어나지 않는 것인데, 이 말은 '네가 그렇게 생각하는지 몰랐어'라고 하면서 초점을 상대의 반응으로 이동하는 것이다.

자녀가 인터넷 중독이 아닐까 걱정되어 사춘기 자녀를 데리고 상담을 온 어느 아버지가 있었다. 상담 초반에 아버지는 아들이 사소한 집안 규칙들을 지키지 않는다고 호소했다. 문을 닫지 않고 다니거나, 자기 방에서 음악의 볼륨을 지나치게 크게 틀거나, 화장실 변기의 물을 내리지 않는 것처럼 아주 사소한 것들이었다.

이런 이야기를 듣던 아들은 '이럴 때마다 아버지는 어김없이 잔소리를 하니까 기분이 나빠져서 아버지와 마주치기가 싫었다'는 속마음을 털어놓았다. 이 말을 듣던 아버지는 "미안해, 네가 이런 일로 그렇게 마음이 상할 줄은 몰랐어."라고 사과를 했다. 그러자 아들은 다시 상기된 얼굴로 "이런 식으로 사과하는 건 질색이에요."라고 말했다. 그리고 "이유는 모르겠지만 그럴 때마다 화가 나요."라고 덧붙였다.

나는 아들이 이 사과에서 뭔가 잘못된 느낌을 받았고, 아버지가 무엇에 대해 사과를 하고 있는지, 그리고 누구의 문제인지를 얼버무려서 화가 났을 것이라고 추정했다.

상담 후반에 아들은 아버지가 자신을 인터넷 중독이라고 판단하여 상담 기관까지 온 것이 억울하다고 했다. 친구들과 비교해 보면 자신은 결코 많은 시간 인터넷을 하는 것이 아닌데 아버지가 인터넷 중독이라는 딱지를 붙인다면 이제부터 눈치 보지 않고 인터넷 게임을 하겠다는 다소 과격한 선언까지 했다.

그러자 아버지는 또다시 '난 이 일로 네가 이렇게 상처받을 줄은 몰랐어'라고 사과를 했다. 그러고는 상담하는 동안 줄곧 자신이 사과한 것 같은데 아이는 왜 화를 내는지 모르겠다며 불편해했다. 아버지는 자신의 사과가 진정한 사과가 아닌 자기방어의 방편이자 책임을 회피하기 위한 행위라는 것을 깨닫지 못하고 있었다.

불안이 크면 클수록 사람들은 자신의 기분이나 행동에 대한 책임보다는 자신 이외의 사람의 기분이나 행동을 부각시키는 경향이 있다. 이 같은 형태의 사과는 가정 내에 불안을 가진 가족에게서 자주 볼 수 있다.

사과하는 사람이 주체인 사과 : "불쾌했다면 미안해."

●

"만약 내가 무신경한 일을 했다면 미안해.", "만약 내 말이 공격적으로 들렸다면 미안해."처럼 말하는 사과에서 '만약'이라는 단어는 상대에게 자신의 반응을 되돌아보게 한다. 따라서 '만약 ~이라면'이라고 하는 말은 사과라고 할 수 없다. 차라리 "그때는 내가 말이 좀 지나쳤어. 무신경했던 것에 대해 사과할게. 두 번 다시 그런 일을 하지 않으려고 노력할게."라고 말하는 것이 바람직하다.

'만약 내가 ~했다면 미안해'라는 말투는 가족 간의 힘의 관계에서 상대를 내 아래로 본다는 느낌을 주기도 한다. 고부간의 갈등 때문에 상담에 왔던 며느리는 어느 해 명절, 친척들이 모인 자리에서 시어머니가 '우리 며느리는 숟가락 두 개만 가지고 왔는데도 잘 산다'고 농담을 했던 것이 큰 상처였다고 말했다. 이 말을 들은 시어머니는 "나는 너희들이 잘 산다고 자랑을 한 건데…. 그래도 마음이 상했다면 미안하구나."라고 사과했다.

며느리는 시어머니의 이런 사과 태도가 매번 자신에게 또 다른 상처가 되었다고 말하면서 이제는 마음을 정리해서 더 이상 상관하지 않는다고 단호한 어조로 말했다. 정말 사소한 말 한마디 때문에 문제를 해결하기 위해 일부러 상담에 온 시어머니의 노력이 전혀 빛을 보지 못하게 된 순간이었다. 차라리 시어머니가 "네가 그동안 많이 힘들었겠구나. 앞으로는 내가 표현에 좀 더 신경을 쓸게."처럼 자신 위주의 사과를 했더라면, 하는 아쉬움이 남았다.

자신의 잘못이 아니라면 사과를 할 필요가 없다고 생각하는 사람도 있지만 나는 그렇게 생각하지 않는다. 책임에 대해서는 명확히 언급하지 않더라도 상대가 불쾌한 느낌을 받았다는 부분에 대해서는 사과를 하는 것이 바람직하다.

그러나 이 경우에도 '오해를 불러 일으켜서'라는 표현은 사용하지 않는 것이 좋다. 오해는 '자신은 잘못하지 않았는데 상대가 멋대로 분노하고 있다'는 뉘앙스를 포함하고 있기 때문이다. 상대가 화를 내고 있을 때라면 '불쾌했다면', '오해했다면'과 같은 말은 분노의 감정을 더욱 자극할 가능성이 크다.

의도를 가진 사과 : "사과했으니까 용서해 줘."
●

상대에게 특정 반응을 요구하는 사과는 바람직하지 않다. 사과를 하면서 '어떻게 하면 용서를 받을까'를 의식해서는 안 된다. 사과를 할 때는 진심으로 사과만 하는 것이 중요하다. 용서 여부를 결정하는 것은 사과를 받는 사람의 몫이다.

그리고 용서는 하느냐 마느냐의 선택과 관련된 문제가 아니다. 용서를 둘러싼 인간의 감정은 상당히 복잡하다. 상대를 용서하고, 용서하지 못하는 마음이 49% 대 51%의 경우도 있는가 하면, 95%는 용서를 했는데 5%가 용서되지 않아서 괴로운 경우도 있다. 이것 역시 상처의 크고 작음과는 상관이 없는 영역이다. '미안하다고 이렇게 열심히 말했는데 용서해 줘'라는 뉘앙스의 사과는 용서하지 못하는 자신을 자책하고 있는 상대에게 또 다른 고통을 안기는 것과 같다.

외도로 인해서 가정이 파탄 난 이야기를 들어도 그런 스토리에 남편이나 자신을 대입해 본 적이 없었는데, 그것이 현실에서 내 이야기가 되었다는 것에 상심한 아내가 있다. 그녀는 남편이 어떤 여성과 주고받은 문자를 우연히 보게 되었다. "지난번에는 행복했어.", "다음에는 더 꿈같은 시간을 선물할게요." 같은 내용이었다. 아내는 며칠 밤을 뜬눈으로 지새우다가 더는 견딜 수가 없어 남편에게 따졌다.

남편은 처음에는 '문자를 봤으면 그건 유흥업소 마담이 고객 관리 차원에서 보낸 것이라는 걸 알 텐데'라고 일축했다. 아내가 더 다그치자 욕구 충족을 위한 일시적인 만남이었을 뿐 가정을 깨려는 의도는 없었다면서 사과했다. 그리고 정리했다는 증거도 보여주었다.

아내는 상대가 직업여성이니까 힘들지만 다 잊고 잘 지내야겠다고 결심도 했다. 그런데 자신이 평소와 조금만 다르게 행동하면 남편은 또다시 그 일에 대해 사과를 했다. 아내는 '내가 이렇게까지 사과를 하지 않느냐, 이제는 예전처럼 잘 지내자'고 남편이 자신에게 용서를 강요하는 것이 더 화가 난다고 했다.

나는 부정적인 감정의 고통 속에서 자신을 해방시키는 것과 상처를 준 상대를 용서하는 것은 별개의 문제라고 생각한다. 상처받은 사람에게 용서를 강요할 수 있는 사람은 아무도 없다. 또한 그렇게 받아낸 용서는 상처 준 사람의 마음에 사소한 위안이 될지는 몰라도 상처받은 사람의 아픔을 치유하는 데는 아무런 도움이 되지 않는다.

상대의 마음을
어루만지는 사과

자신의 잘못이나 실패를 인정하고
가족들에게 제대로 사과하는 것만큼 좋은 처방전은 없다.

―――――――

가정생활은 파괴와 창조를 반복하면서 성장하기 때문에 그 과정
에는 많은 상처가 뒤따른다. 가족들은 나중에 '그때 내가 상처를 주
었구나'를 깨달아도 이미 때를 놓쳤다고 생각하여 사과를 주저하는
경우가 많다.

실제로 부부 싸움을 하고 난 뒤 많은 부부들이 '내가 사과할 필요
없어. 내가 먼저 싸움을 시작한 게 아니잖아'라고 혼잣말을 하면서
곧바로 사과하지 않는다고 한다. 그러다 싸움이 끝난 뒤에도 부부
사이에 긴장 관계가 오래 지속되면 '내가 먼저 사과를 할까'라고 생
각이 바뀌기도 하지만, 그것을 실행에 옮기기는 좀처럼 쉽지 않다.

부모나 배우자, 형제자매와 같은 가족끼리의 싸움에서는 사과할
타이밍을 찾기가 쉽지 않다. 그러나 사과에는 적절한 시기와 방법이

무엇보다 중요하다. 나는 가족 간에 잘못된 의사소통은 없다고 본다. 단지 야구에서 투수와 포수의 사인이 맞지 않아서 상대 팀에게 홈런을 맞듯이 서로 주고받는 사인이 맞지 않아서 생기는 결과라고 생각한다.

잘못은 드러낼수록 작아진다 : "그 순간을 진심으로 후회해."

어떤 실수를 해도 사과하지 않고 언제나 다른 가족의 탓으로 돌리는 사람들이 있다. 사과를 주저하는 사람들은 사과를 하면 자신이 상대에게 지는 것이라고 생각한다. 이처럼 이기고 지는 것에 연연하는 사람들은 어떤 문제를 일으켰을 때 자신 이외의 다른 가족의 탓을 하거나 변명하면서 자신의 잘못을 인정하지 않으려 한다. 아마도 그들은 가족 간의 의사소통에서는 이기고 지는 것이 없다는 것을 모르는 것 같다. 실제로 상담을 진행하다 보면 자신의 잘못이나 실패를 인정하고 가족들에게 제대로 사과하는 것만큼 좋은 처방전은 없었다.

가족 성장 프로그램에서 어떤 아버지를 만났다. 그는 직장에서도 신뢰받는 중간 관리자였다. 회사의 부서원이나 가정의 자녀들이 자신의 의견보다 좋은 제안을 하면 그것을 존중해 주었고, 가장이자 회사의 관리자로서 맡겨진 일을 성실히 잘하면서도 자신의 능력에 대해 과대평가하지 않는 분이었다. 그러나 가족들이 그를 높이 평가하는 것은 남편이나 아버지로서의 완벽함이 아니었다. 그가 사과를 두려워하지 않는다는 점이었다. 그는 자신이 실수를 했거나 상대방에게 상처를 줬다고 생각하면 조금 지나치다고 생각할 정도로 위아래를 개의치 않고 사과했다. 이 부분이 가족들로부터 인정받는 원천이었다.

아버지는 프로그램 진행 중에도 자신의 실수를 솔직하게 인정하고 자녀에게 사과하는 모습을 보여 믿을 수 있는 사람은 잘못을 인정하고 사과하는 사람이라는 점을 확인시켜줬다. 이 아버지처럼 잘못을 인정하지 않으려는 습관에서 벗어나려면 먼저 실패하는 것 자체는 부끄러운 것이 아니라는 인식을 가져야 한다. 같은 실수를 지속적으로 반복하는 사람은 어리석지만 다양한 실패를 경험한 사람은 삶의 폭이 넓은 사람으로 평가받는다. 나는 실패를 하지 않도록 사려 깊은 행동을 하는 것만큼, 실패를 했을 때 그것으로부터 배우려는 자세도 중요하다고 생각한다.

실패는 누구나 한다. 새로운 것에 도전하거나 자신이 솔선하여 뭔가 하려고 하면 시행착오를 겪게 되면서 처음에는 잘못하거나 주위에 피해를 줄 수도 있다. 그런데 주위 사람들은 실패 때문에 받는 피해보다 그 후의 대응으로 인해 더 큰 상처를 받는 경우가 많다.

사과는 결코 자신을 폄하하거나 부정하는 것이 아니다. 만약 모든 사람들이 실패가 자신의 가치와 연관되어 있다고 생각한다면 누구도 사과를 쉽게 하지는 못할 것이다.

잘못은 마치 눈덩이와 같아서 음지에서 햇볕이 내리쬐는 양지로 나오면 서서히 녹는다. 융이 '개성화 과정이란 자신의 그림자를 의식화하는 것에서 시작된다'고 말한 것처럼, 자신의 잘못이나 어두운 부분을 밀어내는 것이 아니라 그것과 마주하는 것이 인격의 완성으로 나아가는 길이다. 잘못을 그대로 흘려보내지 않고 확인하려는 자세는 궁극적으로 남보다 자신을 위한 것이다.

사과에는 경청이 필요하다 : "네 마음을 조금 더 알고 싶어."

●

사과는 자신의 생각을 일방적으로 전달하는 것이 아니다. 참된 사과는 이 잘못에 대해 내가 어떻게 생각하는지와 이 시점에서 내가 상대에게 할 수 있는 것이 무엇인지를 분명히 드러낼 때 가능하다. 이것이 가능하려면 먼저 상대를 이해하는 것에서 출발해야 한다. 상대가 지금 어떤 상태에 있는지, 어떤 기분인지, 어떤 메시지를 받아들이기 쉬운지를 아는 게 필요하다.

'경청'이 인간관계를 유지하는 데 유용한 도구라는 것을 부정할 사람은 없다. 그런데 사과의 과정에서는 경청이 쉽지 않다. 그것은 사과를 하는 사람은 사과를 받는 사람의 말을 듣고 있으면 사실 관계가 다르다고 생각되어 도중에 자신의 이야기를 하고 싶어지기 때문이다.

　부모 몰래 동거를 하다가 어머니에게 발각되어 어머니와 함께 상담에 온 여대생이 있었다. 어머니는 독실한 기독교 신자인 지방의 유지였는데, 딸이 서울에 있는 대학에 진학하자마자 이런 일을 저질러 패닉 상태였다.

　딸은 어머니에게 "내가 봄에 가서 동거 이야기를 꺼냈을 때 엄마는 펄쩍 뛰었잖아. 엄마가 그런 태도만 보이지 않았어도 난 동거는 안 했을거야."라고 이야기를 시작했다. 나는 할 말이 많은 듯 딸의 말을 막으려는 어머니를 제지하고 이야기를 계속 들었다. 어머니가 도중에 개입하면 딸이 하려는 말을 이해할 수 없거나 어머니의 입장에서 유리하게 해석하여 이야기가 변질될 수 있기 때문이었다.

　우리는 딸이 친구들로부터 모태 솔로라고 골동품 취급을 받았으며, 대학에서 만난 아이들의 동거에 대한 가치관이 자신과 너무 달라 혼란스러웠고, 엄마와 그런 이야기를 나누고 싶었는데 들어주지 않았다는 것, 아무도 내 고민을 이해하지 못할 때 동거를 찬성하는 친구가 내 이야기를 들어주면서 위로했고 결국 그 친구의 조언대로 직접 동거를 해보기로 했다는 딸의 속마음을 들을 수 있었다.

이 문제를 보는 엄마와 딸의 인식의 차이는 컸지만 엄마는 기꺼이 딸에게 '엄마가 네 힘든 마음을 이해하지 못했구나. 네 이야기가 더 듣고 싶구나'의 사인을 보내어 모녀간의 화해가 이루어졌다.

사람들은 누군가가 자신의 이야기를 들어줬으면 하는 욕구를 가지고 있다. 그렇지만 듣고 있는 사람이 들을 자세를 하고 있지 않다고 판단되면 그 사람에게 자신의 감정을 적극적으로 표현하고 싶은 마음이 사라진다.

경청은 누군가의 말에 관심을 가지면서 주의 깊게 듣는 것이다. 상대와 시선을 맞추거나 이야기의 내용에 동의하고 어깨를 끄덕이면서 '그렇군요'라는 추임새를 넣는 등 경청의 기법을 사과에 활용하면 사과의 과정은 한결 부드러워진다.

이런 비언어적인 기법을 통해 상대는 자신이 말한 것을 이해받는다고 느끼고 안심하게 된다. 때로는 상대방이 한 말을 그대로 다시 말하거나 요약하면서 말의 내용을 확실히 이해할 뿐 아니라 상대와 자신의 인식의 차이를 수정할 수도 있다. 이처럼 '다시 말하기'나 '요약'은 상대방으로 하여금 내 이야기가 이해받고 있다고 안심하게 만든다.

대화를 할 때는 상대가 지금 무엇을 힘들어하는지를 공감하려고 노력하는 것이 중요하다. 그리고 이렇게 알게 된 것을 언어적, 비언어적 채널을 통해 전달할 때 서로 진정한 사과를 하고 있다고 느낄 수 있다.

사과는 상대의 감정을 완화시킨다 : "이만큼 힘들었군요."

●

어떤 일로 피해를 받은 사람과 피해를 준 사람 사이에는 언제나 '인식의 차이'가 있기 마련이다. 피해를 준 사람은 10 중에 5 정도라고 생각하는데, 피해를 입은 사람은 9라고 느끼는 경우도 많다. 이때 사과하는 사람이 느낀 5 정도의 사과를 하는 것은 의미가 없다. 사과를 받는 사람이 느끼는 정도의 수준으로 사과를 해야 한다. 9라고 느끼는 가족에게 9만큼 사과하는 것은 자신의 책임을 인정하고 '~에 대해 내가 잘못했으니 내가 사과하지 않으면 안 되는 일'이라는 것을 전하는 것이다. 그리고 상대를 소중히 생각하고 있다는 마음, 즉 '그런 일을 했어도 결코 너를 가볍게 생각한 것은 아니다'라는 마음을 전하려고 노력해야 한다.

감정 노동자의 어려움이 사회적 이슈가 되었을 때 한 기업의 클레임 담당 부서에서 강의를 한 적이 있다. 나는 의사소통에서의 경청과 공감, 상대의 입장에서 바라보기 등 일반적인 상담 기술들을 알면 고객들의 클레임 해결에 도움이 될 수 있다는 요지의 이야기를 전했다.

그로부터 일 년쯤 지난 뒤 강의를 들었던 한 분으로부터 메일을 받았다. 어떤 행위에 대해 신속하고 성의 있게 사과를 하는 것이 클레임하는 분들의 분노를 잠재우는 포인트라고 했던 내 말 덕에 거의 진상 수준의 고객과 좋은 관계를 맺었으며, 그분 덕에 승진하게 되었다는 내용이었다. 성실한 사과가 찬스를 만든다는 것을 보여준 좋은 예다.

사과를 하는 것은 상대에게 지는 것이 아니다. 성의 있는 사과는 자신의 가치를 깎아내리는 것이 아니라 오히려 평가를 높이기도 한다. 머리로는 알고 있지만 왠지 사과하고 싶지 않은 경우라면 내가 한 일에 대한 사과가 아니라 상대를 소중히 하지 않았던 부분에 대해 사과하는 것이 정답이다. 자신을 정당화하고 싶은 상황에서도 어떻게 하면 상대의 감정을 완화시킬 수 있을까를 먼저 생각하는 것이 진정한 사과다.

또한 무의식적으로 자기변호를 하고 싶어지거나 완벽한 사과를 하기 힘들다고 느낄 때는 과하다 싶을 정도의 사과를 하는 것도 바람직하다고 생각한다. 지금 당장 인식의 차이를 좁히지는 못하지만 우선 감각의 차이를 좁혀서 관계를 회복하는 것이 더 중요하기 때문이다.

용서 못할 가족은 없다 : "엄마는 너를 걱정해서 화내는 거야."

●

　초등학교 학생들과 집단 상담을 하다 보면 어른들은 상상하지 못할 감동적인 경험을 할 때가 있다. 첫 시간에 참가한 아이들에게 이 모임에서 기대하는 것이 무엇인지를 물었다. 어떤 학생이 진지한 표정으로 "내가 집에서 돈을 훔쳤어요. 전에도 한 적이 있어요. 그런데 이번에는 정말 반성하고 있어요. 엄마에게 사과하고 싶지만 엄마 얼굴을 보고 사과할 용기가 없어요. 전에도 했기 때문에 이번에는 용서하지 않을 거예요. 벌을 받을까봐 무서워서 못 하겠어요. 잘 해결할 수 있는 방법은 없을까요?"라고 긴 고백을 했다. 그러자 아이들은 너도나도 같은 경험이 있다면서 그래도 엄마에게 용서를 빌어야 한다고 조언을 했다. 그런 와중에 한 아이가 "엄마는 진짜로 화내지는 않아. 우리를 좋은 사람으로 만들기 위해 걱정하는 거야. 그러니 앞이 깜깜해도 진심으로 사과해야 해."라고 말했다.
　이 말을 들으니 클리어리(B. Cleary)의 동화 '라모나' 시리즈에 나오는 한 부분이 떠올랐다. 가족 모두가 자신을 싫어한다고 생각한 라모나가 마음이 상해 가족들 앞에서 집을 나가겠다고 선언했지만 아무도 말리지 않는다. 라모나는 할 수 없이 방에 와서 짐을 싸면서 누군가가 와서 자신을 말려주기를 기대한다. 드디어 엄마가 와서 안도의 한숨을 내쉬었는데, 뜻밖에 엄마의 손에는 트렁크가 들려 있었고 엄마는 짐 싸는 것을 열심히 거들었다.

라모나는 짐을 싸면서 가족들이 자신에게 얼마나 소중한지 생각하면서 후회했지만, 자신의 가출 의사를 번복할 수는 없었다. 울면서 트렁크를 든 순간, 라모나는 그 트렁크가 너무 무거워서 도저히 들 수 없다는 걸 알고 기뻐했다. 라모나는 엄마가 일부러 짐을 무겁게 했기 때문이라는 걸 깨닫고 엄마와 화해했다. 놀랍게도 내가 만난 아이들도 이런 가족의 속성을 잘 이해하고 있었던 것이다.

가정을 자신의 안식처라고 생각하는 사람들이 많다. 그리고 대부분은 숙명적으로 이어진 가족이라는 관계를 파탄으로 몰고 가고 싶어 하지 않는다. 작은 다툼이 싸움이 되지 않도록 서로 배려하면서 행동하고, 싸우고 싶어 하지 않지만 싸워도 관계를 빨리 회복하기 위해 노력한다. 모든 사람이 다르듯이 모든 가족도 다르다는 것을 알기에 각자의 부족한 점을 껴안으며 오늘도 가족들은 서로를 용서한다.

갈등을 푸는
사과의 힘

진정한 사과는 다른 사람이 우리에게 상처를 준 것처럼
우리도 다른 사람들에게 상처를 줄 수 있다는 것을 깨닫는 것에서부터 시작된다.

———————

순영 씨의 딸인 고등학교 2학년 선희가 이번에도 '죽고 싶다'는 메시지와 함께 손목을 그은 사진을 학교 상담 교사에게 보냈다. 올해 들어 세 번째 자해 소동이었다. 상담 교사는 더 이상 학교 차원에서 다룰 수 있는 문제가 아니라고 판단하여 부모에게 상담 기관에서 지속적인 상담을 받을 것을 강력하게 권유했다. 이런 일련의 과정 속에서 선희를 만났다.

첫 번째 상담에는 선희와 어머니가 함께 왔으나 아이의 강한 거부로 어머니와 선희를 따로 만났다. 선희는 이 상담에 기대하는 것도 없고, '사는 게 의미가 없다'고 하면서 극심한 무기력감을 드러냈다. 어떤 부분이 삶의 의욕을 상실시키는지에 대해서 분명한 대답은

하지 않았지만 '우리 가족은 희망이 없기 때문에 내가 이런 상담을 받는다고 달라질 게 없어'라는 혼잣말을 했다. 이를 통해 나는 선희의 자해는 가족 문제와 밀접한 관계가 있다고 생각했다.

어머니와의 면담을 통해 이 부분은 더욱 분명히 드러났다. 순영 씨는 입주 간병인으로 주중에는 집에 거주하지 않아서 선희의 문제가 그렇게 심각한지 몰랐다. 남편은 이미 학교로부터 두 차례나 이 문제로 연락을 받았지만, 학교에 찾아가지도 않고 아내에게도 알리지 않았다. 이번 일로 아내가 왜 아무 조치도 하지 않았는지 따지자 남편은 "걔는 어릴 때부터 이런 식의 문제를 수도 없이 일으켜서…."라고 변명했다.

아버지의 말대로 선희는 초등학교 저학년 때부터 예민한 아이였다. 계속 울고, 소리 지르고, 그것으로도 화가 풀리지 않으면 발작을 일으켰다. 초등학교 고학년이 되면서 그런 행동들은 차츰 감소했으나 손톱에 피가 날 정도까지 물어뜯어서 병원을 다니기도 했다.

중학교에 진학해서도 친구와 다툰 후 이틀 동안 자기 방에서 나오지 않아 모두를 걱정시킨 이력도 있었다. 어머니는 이런 선희의 문제 행동에 언제나 노심초사해 왔으나 특별한 이유를 알 수 없어서 선희의 기질적인 문제를 의심하였다. 그리고 자녀들을 잘 키우고 싶어서 간호사라는 직업도 그만두고 전업주부가 되어 가족을 돌봤다.

선희가 고등학교에 입학하자 더 이상 부모의 도움을 필요로 하지 않는다고 판단하여 간병인으로 다시 일을 시작했다. 상담을 진행하면서도 어머니는 선희의 문제 원인을 좀처럼 짐작할 수 없어 또래 관계에서 비롯된 문제라고 생각하고 있었다.

선희는 상담을 통해 5살쯤 되던 해 술에 취한 아버지가 엄마와 오빠, 자신을 가두고 무자비하게 폭력을 행사한 사건을 언급하기 시작했다. 직업 군인이던 아빠는 밤새 폭력을 휘두르고 가족을 방에 가둔 후 출근해 버렸다. 낯선 시골 마을에 근무하던 때여서 어머니는 누구의 도움도 받을 수 없었던 것 같았다고 말했다.

선희는 아빠가 퇴근할 때까지 깨진 소주병과 핏자국이 뒤엉킨 방안에서 무서워하며 긴장했던 가족들의 모습을 또렷이 기억하고 있었다. 그리고 그날 이후 이유를 알 수 없었으나 아버지는 더 이상 폭력을 휘두르지 않았다. 하지만 선희는 아버지가 조금만 기분 나쁜 듯한 태도를 보이면 자신의 공포스러운 어린 시절이 떠올라서 견디기 힘들다고 했다.

선희의 이야기를 듣고 나는 선희와 어머니에게 가족 상담을 제안했는데 두 사람은 마치 기다리고 있었다는 듯이 동의했다. 나는 선희네 가족과 가족 상담을 진행하면서 선희가 마음속에 담고 누구에게도 털어놓지 못한 그 사건을 가족들에게 이야기할 기회를 주고 싶었다. 그리고 그것을 들은 아버지의 진심 어린 사과가 이루어진다면 앞으로 선희의 미래, 아니 가족 모두의 전망이 밝아질 것으로 기대했다.

상담이 진행되면서 선희는 내 기대를 알아챘는지 '그날'을 기억한다고 이야기를 꺼냈다. 아버지의 얼굴에 자신의 삶에서 지우고 싶었던 그 순간을 언급해야 한다는 당혹감이 보였다. 그는 힘들어하면서 많은 부분을 변명으로 일관한 채 미안하다고 사과했다. 빨리 사과하여 이 상황을 벗어나고 싶어 한다는 것을 그 자리에 있는 모두가 느낄 수 있었다. 당연히 아버지의 사과는 가족들의 마음을 어루만져줄 수 있는 수준이 아니었고, 특히 말을 꺼낸 선희는 실망감을 감추지 못했다.

그다음 가족들을 다시 만났을 때 어머니는 머뭇거리며 자신이 아이들에게 한 통의 편지를 써왔는데 그걸 먼저 읽어도 되겠느냐고 조심스럽게 물었다. 어머니가 자녀들에게 보내는 사과의 편지였다.

선두와 선희에게.

오늘 상담은 내게 너무 아픈 시간이었단다. 그래서 도저히 그냥 잠들 수 없어서 편지를 쓴다. 아빠만 그런 게 아니라 나도 선희가 생생하게 기억한다는 그 일을 기억에서 지워야만 한다고 생각해 왔어. 지워야만 우리 가족이 살 수 있다고 굳게 믿었어. 그리고 너희들이 너무 어려서 기억하지 못할 거라고 내가 편한 대로 생각했어. 그래서 그동안 선희의 방황은 그것과는 전혀 관계가 없다고 생각했었어. 너희들이 기억하고 있다는 게 정말 가슴 아프단다. 상담을 마치고 나가면서부터 어떻게 하면 너희가 편해질 수 있을까, 그것만 생각했어.

내가 너희에게 사과하고 싶은 것은 엄마는 그날 얼마든지 밖에 나가서 다른 사람에게 도와 달라고 할 수 있었는데 일부러 하지 않았다는 거야. 너희에게 그 모습이 얼마나 무서운 것인지 생각하지 못하고, 아빠가 다시는 이런 일을 하지 못하게 해야겠다는 생각밖에 없었어. 그래서 아빠가 나간 그대로 가만히 있었어. 엄마의 의도대로 아빠는 그 모습에 충격을 받았는지 달라졌어. 지금까지 엄마는 그때 내가 현명한 판단을 했다고 생각했었지. 무서워했을 너희들은 생각하지 않아서 미안하다. 엄마가 많이 미안해하고 있다는 걸 꼭 알려주고 싶었어.

이 짧은 편지 덕분에 아이들은 그동안 표현하지 못한 감정들을 표현할 수 있었고, 아버지는 그날과 마주할 용기를 가졌다. 그리고 그 시간을 통해 가족들에게 얼마나 큰 상처가 남아 있는지 알게 되면서 진심을 담아 가족에게 사과했다. 가족의 용서와 화해라는 아름다운 장면을 만든 것은 진심 어린 어머니의 사과 편지였다.

상담자로서 갈등하는 많은 가족들을 만나왔지만, 문제를 해결하는 과정에서 사과의 힘을 능가하는 방법은 없었던 것 같다. 이 문제가 누구 때문인지에만 몰입하던 가족이 상담 과정을 통해 사과할 힘이 생기고, 그것을 실천에 옮기면서 용서와 화해의 장이 열리는 것 같다. 그리고 가족들은 이런 과정을 통해 다른 사람을 용서하고 수용하는 것이 결국은 자신을 용서하고 수용하는 것이라는 점도 배운다.

진정한 사과는 나를 포함한 모든 사람이 완전한 존재가 아닌 단지 완전을 향해 나아가는 존재라는 것을 인식하면서, 다른 사람이 우리에게 상처를 준 것처럼 우리도 다른 사람들에게 상처를 줄 수 있다는 것을 깨닫는 것에서부터 시작된다. 이런 깨달음은 이 문제에 관해서는 나는 완벽했다고 생각하는 사람에게도 사과할 수 있는 여유를 선사한다.

상처받은 관계를 회복하기 위한 가족 심리 테라피

Part 5
건강한 관계를 만드는
의사소통하기

family

therapy

가족들의
언어적 표현을 열심히 들으면서
그들이 표현하는
비언어적 메시지를 읽고,
적절한 비언어적인 메시지를 보내고,
가족들로부터 받은
의사소통을 통합하는 행동에서
효율적인 의사소통은 시작된다.

가족은 싫든 좋든 운명적으로 서로 얽매여 있다. 또한 모든 사람은 사람들과 어떻게 어울릴 것이며, 세상의 불의와 추악한 것에 대응해 어떻게 행동하며, 그 모든 것들과 어떻게 관계 맺을 것인지를 가정을 통해서 직간접적으로 배운다. 이 과정에서 어떤 가정은 개인에게 책임을 강조하고 어떤 가정은 자유방임을 가르친다. 그러나 부모가 자녀에게 무엇을 가르치든 간에 그것이 하루가 다르게 변화하는 현대 사회에서 반드시 필요한 것이라고 단언하기는 어렵다. 따라서 나는 사람들에게 필요한 것은 어떤 상황에서든 자신이 원하는 것을 획득할 수 있는 기술이며, 그러한 기술 중 하나가 다른 사람들과 잘 소통하는 능력이라고 생각한다. 그리고 이러한 의사소통 방식은 사람들이 가정에서 있는 그대로 자신의 이야기를 쉽게, 자주 할 때 습득되는 것이라고 믿고 있다.

한때 매스컴에서 '기러기 아빠'라는 말을 유행처럼 쓰면서 오랫동안 가족과 떨어져 사는 가족에 대해 앞다퉈 다뤘다. 이들의 가장 큰 어려움은 가족 간 대화의 단절이었다. 그러나 의사소통의 갭은 물리적으로 떨어져 있는 가족만의 문제가 아니다. 한집에 살고 있어도 자녀가 일어나기 전에 일터로 나가서 아이들이 잠든 후에 들어오는 부모들도 같은 어려움을 겪는다.

한 청소년 내담자는 자신의 아버지를 '일만 열심히 하고 내게는 관심이 없지만, 나를 사랑해 주는 아버지'라고 설명했다. 일요일이나 휴일에 가족이 함께 시간을 보내는 것만으로는 가족 간의 마음의 거리를 좁히기 어렵다. 이는 부부 사이에도 마찬가지다. 가족이 한 지붕 밑에서 지내지 않는 경우에는 더더욱 가족과의 소통을 위해 의식적인 노력을 할 필요가 있다.

당연한 이야기지만 가족 내 소통의 단절을 피하는 것은 말처럼 쉽지 않다. 가족의 생계를 위해 일하느라 바쁜 아버지가 가족과 대화할 수 있는 시간을 내기는 쉽지 않다. 어떤 청소년은 가족 상담을 하면서 아버지를 향해 "지금까지 집에는 엄마밖에 없었어. 모든 결정은 엄마가 했잖아. 아빠는…."이라고 외쳤다. 그 말에 충격을 받은 아버지는 일주일에 3번 이상 가족과 식사를 하겠다고 결심하고 실천에 옮겼다. 그리고 그 시간에 가족들과 많은 대화를 하면서 가족 관계를 회복하고자 노력했다.

　가족을 위해 시간을 내는 것은 긴 안목으로 보면 일종의 투자이다. 나는 자녀 교육은 가족들이 서로 충분한 대화를 하면서 일상생활에서의 힘든 부분을 말하고, 위로받고, 서로 좋은 아이디어를 나누는 과정에서 이루어지는 것이 이상적이라고 생각한다. 자신의 신체를 거울을 통해서 보는 것처럼 사람들은 효율적인 의사소통을 통해 자신의 기대나 가치를 정확히 볼 수 있다. 의사소통은 가족의 정신적 자아상에 대한 거울 역할을 하는 셈이다. 자신의 말이 공감으로 되돌아올 때 가족들은 자신의 모습을 보다 분명히 자각하게 되어 자신의 인식이나 판단이 타당한 것인지를 검증하게 된다.

　가족들이 하는 언어적 표현을 열심히 들으면서 그들이 표현하는 비언어적 메시지를 읽고, 그 말을 듣는 동안 적절한 비언어적인 메시지를 보내고, 가족들로부터 받은 의사소통을 통합하는 행동에서 효율적인 의사소통은 시작된다. 또한 다음에 이어질 대화를 위해 상대에게 들었던 중요한 내용들을 머릿속에 기록해 두어야 한다. 이처럼 내가 관심을 가지고 이야기를 듣고 있다는 사실을 다른 가족에게 알릴 때 가족의 응집력은 더욱 높아진다.

비언어적인 메시지에
주목하라

가족끼리 의사소통을 잘하기 위해서는
서로의 메시지를 명확히 아는 것이 중요하다.

———

의사소통이란 일반적으로 언어, 신체, 그 밖의 수단을 통해 매 순간 내 생각을 상대방과 주고받는 것인데, 이것은 한쪽의 일방적인 메시지 전달만으로는 성립되지 않는다. 메시지를 받은 사람이 메시지를 보낸 사람의 의도에 맞게 반응해야 한다. 그리고 이런 과정을 거쳐서 메시지를 보내는 사람과 받는 사람이 함께 변화한다. 이 같은 의사소통은 대화하는 가족들이 자존감이나 친밀감을 갖게 될 때 완성된다.

메시지를 주고받는 가족들의 반응은 여러 가지다. 많은 경우 전달되는 메시지를 그대로 수용한다. 때로는 자신이 메시지를 수용하고 있다는 것을 표현하기 위해 적절한 질문이나 발언으로 반응하기도 한다. 어떤 경우에는 전달되는 메시지를 거부한다. 질문에 대답하지 않거나 계속 다른 행동을 하는 등 소극적인 방법으로 거부 의사를 표현할 수도 있다.

그러나 갈등 상황을 만드는 메시지 전달 방식은 바람직하지 않다. 대개 이러한 반응은 상호 작용에서 말수가 적고 비꼬는 방법으로 전달된다. 이 같은 의사소통은 여러 가지 문제와 행동을 동반하여 갈등을 초래하고, 결국에는 사과를 필요로 한다. 가족끼리 의사소통을 잘하기 위해서는 서로의 메시지를 명확히 아는 것이 중요한데, 여기서는 상담실에서 자주 볼 수 있는 소통의 어려움을 베이슨 (G. Bateson)의 의사소통 이론에 근거하여 유형화했다.

내용과 관계의 차이 : "알아주지 않아요."

●

상담실에 오는 부부들은 피곤한 얼굴을 하고 서로 자기를 알아주지 않는다고 상대방을 비난한다. 내가 구체적으로 어떤 것을 알아주지 않는지를 묻자 남편은 '말한 대로 하지 않는다', 아내는 '사랑받는 느낌이 없다'라는 다소 애매한 대답을 했다.

남편은 출근길에 오늘 저녁 뭘 준비하면 좋겠느냐고 묻는 아내를 향해 "간단하게 된장찌개면 되지 않을까?"라고 답했지만, 출근하는 자신을 불러 세워 일부러 묻기까지 했으니 그 이상의 저녁 식사가 준비될 것이라고 기대했을 것이다. 아내 역시 "저녁에 올 때 내가 좋아하는 롤케이크 좀 사와."라고 부탁하면서 연애 시절 함께 잘 가던 카페의 롤케이크를 떠올렸을지 모른다.

나는 이 부부의 의사소통 문제는 말하는 내용과 자신들이 규정해 놓은 관계의 차이에서 오는 어려움이라고 생각한다. 부부는 달랑 된장찌개만 놓인 식탁, 편의점의 롤케이크를 보면서 자기 마음을 알아주지 않는다고 실망한다. 그러나 이것은 부부가 각자 대화의 내용에 충실한 행동을 했기 때문에 벌어진 일이다.

상담실에서 다양한 사람들을 만나다 보면 어떤 경우는 처음의 어색함을 덜기 위해 "오늘 날씨가 덥네요."와 같은 간단한 사회적 대화를 건네기도 한다. 그런데 얼마 전 "난 그렇게 덥지 않은데…. 선생님은 몇 도 정도를 덥다고 생각하시나요?"라고 반문하는 내담자를 만나서 당황한 적이 있다. 그는 의사소통을 위한 의사소통인 상위 의사소통(meta-communication)이 어려운 사람이었다. 내가 "안녕하세요." 대신으로 "오늘 날씨가 덥네요."라고 말을 건네면서 관계를 유지하고 싶어 한다는 것을 이해하지 못했기 때문에 내용에만 초점을 맞춘 것이다.

인간관계에서 나타나는 많은 문제는 의사소통의 내용과 관계 수준의 차이를 구분하지 못하는 데 원인이 있다. 모든 메시지는 '보고

(report)'와 '요구(command)'의 기능을 갖는다. 보고는 정보를 전달하는 데 반해 요구는 관계를 규정하는 설명이다. 의사소통은 단지 어떤 정보를 전달하는 것만이 아니라 의사소통을 하고 있는 사람 사이의 관계를 정의하기도 한다.

시험을 보고 온 딸이 현관문을 열면서 "오늘 온종일 시험만 봐서 피곤해."라고 말한다면 그것은 정보의 전달과 함께 '피곤하니까 날 위해 뭘 좀 해줘'라는 암묵의 요구도 내포하고 있다. 대부분의 부모라면 딸의 암묵적인 요구를 이해하고 이에 부응하는 행동을 한다.

그런데 만약 이런 딸에게 "피곤하면 들어가 쉬어."라고 말하는 어머니가 있다면 평소 딸과 자신의 힘의 관계에서 본인이 딸의 요구를 들어줄 만큼 약하지 않다고 경직되게 생각하는 경우일 것이다. 이처럼 암시적인 요구는 모호하기 때문에 많은 오해와 갈등을 초래하기도 한다.

메시지의 불일치 : "내 마음은 그게 아닌데…."

●

야근이 많은 직장에 다니는 남편은 평소 밤 10시가 넘어야 집에 들어오는데, 오늘은 일찍 일을 마치고 7시에 귀가했다. 저녁 식사 전에 퇴근한 남편을 본 아내는 마음속으로 모처럼 모두 모여서 단란한 식사를 할 수 있게 되어 기쁘다고 느꼈다. 그런데 갑자기 업무상 이렇게 일찍 들어올 수 없는 사람인데 무슨 일이 생긴 건 아닐까 하는 걱정이 들면서 마음이 복잡해졌다. 결국 "웬일로 일찍 오셨네요."라고 말하면서도 표정은 굳어 있었다.

평소보다 일찍 퇴근한 자신을 보고 기뻐할 가족들의 모습을 기대하면서 왔는데 예상치 못한 아내의 모습에 '뭐야?' 하는 생각이 든 남편 역시 경직된 태도를 보였다. 이런 남편을 본 아내는 "어쩌다 일찍 온 게 그렇게 억울해요?"라고 자신의 감정과는 전혀 다른 말을 하고 말았다. 모처럼 단란한 식사를 생각한 남편의 의도, 남편이 빨리 귀가하여 기쁜 아내의 마음과는 달리 가족 간에 냉기만 흐르는 형편없는 저녁 시간이 되어버렸다.

언어적 또는 디지털 의사소통에서의 메시지는 이야기나 말처럼 쓰인 언어를 코드화한 것이다. 예를 들어 '나는 오늘 회사가 일찍 끝나니까 7시에 집에 온다'라는 문장은 메시지의 의미가 명확하다. 하지만 이것은 메시지의 일부분일 뿐, 말하는 사람이 의도하는 메시지 전체를 충분히 표현하지는 못한다. 이와 달리 비언어적 또는 아날로그 의사소통은 메시지의 많은 부분을 포함할 수 있다. 제스처, 자세, 표정, 음성의 고저, 언어의 배열, 리듬, 억양 등은 모두 비언어적인 의사소통에 속한다. 메시지를 보내는 사람의 의도를 정의한다는 점에서 관계적 의사소통이라고도 한다. 예를 들면 아이가 식사 준비를 하는 엄마에게 와서 놀아달라고 매달릴 때, 엄마가 하는 "하지마."라는 말은 비언어적 메시지에 따라 그 의미가 달라진다. 거친 목소리로 눈을 부릅뜨고 하는 것과 부드러운 목소리로 웃으면서 하는 것은 다른 종류의 관계를 만들어낸다는 것이다.

소통하지 않는 순간은 없다 : "들어주지 않아요."

고등학교를 겨우 졸업한 청년이 졸업 후 3년 내내 아무것도 하지 않은 채 집에만 있었다. 청년은 중학교 때부터 집단생활에 스트레스를 느끼며 학교생활에 잘 적응하지 못했고, 그러한 불만을 집에서 폭력적인 방법으로 해소했다. 외부와의 관계를 단절하는 것이 자신을 지키는 수단이라는 것을 알고 있는지의 여부는 모르겠지만, 다행히 졸업 후에는 학교 다닐 때와 같은 폭발적인 분노는 없어졌다.

청년은 일정하게 식사를 하고 어머니와 사소한 잡담을 한 후 날씨가 좋으면 편의점에 가서 소소한 군것질거리를 사 온 뒤 하루 종일 자기 방에 머문다. 흔히 말하는 은둔형 외톨이였다. 가족은 청년이 안정된 마음을 갖는 게 우선이라고 생각하여 그의 생활을 방해하지 않았고, 그 덕분에 청년의 상태도 호전되었다.

그런데 군대 문제가 불거지면서 부모의 마음이 조급해지기 시작했다. 가족들은 그를 데리고 밖으로 나가려고 하거나 일부러 집에 사람을 초대하면서 다른 사람들과의 관계 맺기를 시도했다. 청년은 그에 반발하듯 어머니가 함께 나가자고 한 날 아침에 일찍 혼자 나가버렸고, 손님들이 오면 자기 방에서 몇 시간이고 꼼짝하지 않았다. 인내심이 한계에 도달한 어머니는 이제는 더 이상 아들의 뜻대로 할 수 없다고 판단하여 현실적인 이야기를 하면서 사회생활을 강요했다. 그러자 청년은 그동안 같이 하던 식사도 거부하면서 가족들과의 관계도 단절해 버렸다.

어머니는 아무것도 하지 않고 아들이 원하는 대로 다 했는데 갑자기 왜 이렇게 변했는지 모르겠다고 호소했다. 그러나 청년의 입장에서 보면 외출하자고 할 때 먼저 집을 나가거나, 손님이 왔을 때 방에서 나오지 않는 방법으로 강력하게 의사 표현을 했는데 가족이 들어주지 않았다고 호소할지도 모르겠다.

청소년기의 자녀를 둔 부모들이 상담에 와서 가장 많이 하는 말은 아이들이 우리와 말하려 하지 않는다는 것이다. 부모들은 아이가 대화하지 않는 것을 우리와 의사소통하지 않는다고 생각한다. 그러나 아이는 말하지 않는 방법으로 '나는 지금 혼자 있고 싶다'는 강한 메시지를 전달하고 있는 것이다.

사람과 사람 사이에 일어나는 모든 행동은 어떤 메시지를 담고 있다. 이해를 하지 못할 뿐이지 끊임없이 서로 소통하고 있다.

사실 의사소통은 발언하는 내용 이상의 것을 포함하고 있다. 의사소통에는 자세, 음성의 고저 등의 비언어적인 것이 포함되며, 그것은 맥락과 함께 고려되어야 한다. 특히 가족의 '침묵'은 존중할 필요가 있다. 침묵은 가족 모두를 당황하고 불편하게 하는 비언어적 의사소통이지만 그 속에 담긴 의미는 다양하다. 때로는 침묵하면서 자신의 생각을 정리하고 있을 수도 있고, 자신이 막 설명한 상황에 대해 혼란스럽거나 화가 나 있을 수도 있고, 지금 하는 대화에서 짧은 '휴식'을 하고 있을 수도 있다. 그 침묵을 통해서도 가족 간의 소통은 여전히 이루어지고 있는 것이다.

관계를 훼손하지 않는
세련된 싸움

일단 싸움을 시작했다면 정해진 라운드를 모두 마쳐서
서로가 결과에 승복하도록 노력해야 한다.

———————

우리는 함께 사는 가족들에게 어떤 식으로든 희망이나 기대를 갖는다. 그런데 남녀노소라는 이질적인 사람들이 모여서 하나의 가족을 이루고 있기 때문에 가정에서는 이 같은 희망이나 기대가 각자 원하는 만큼 충족되기 어렵다.

살다 보면 식사 습관 같은 사소한 것부터 가계 지출에 이르기까지 수많은 차이가 서서히 모습을 드러내기 시작한다. 내가 만난 가족들은 대부분 이처럼 충족하지 못한 기대나 차이의 불편함을 마음속에만 담아두고 가족끼리 공유하지 않으면서부터 여러 가지 어려움이 시작되었다. 그러나 서로를 이해하면서 가족이라는 공동체로 성장하려면 불편한 상호 작용을 두려워하지 않아야 한다.

내가 상담실에서 가장 많이 듣는 이야기는 '다른 가족을 상처 주기 싫다, 관계를 깨기 싫다'는 이유로 싸움을 하지 않는다는 것이다. 사랑하는 사람을 상처 주는 것보다는 차라리 자신이 힘든 것이 낫다고 말하기도 한다. 때로는 우리 사회에서 이런 태도에 배려라는 이름을 붙여 높게 평가한다. 그러나 '하지 않는다'는 갈등을 회피하는 미봉책일 뿐이다. 가끔은 자신의 배려가 가족에게 더 큰 상처를 입힐 수도 있다는 사실을 알아야 한다.

이혼을 앞둔 부부들을 상담하다 보면 크게 두 가지 타입의 부부를 만난다. 어떤 부부는 아침 드라마의 한 장면처럼 너무나 격정적이어서 곧 난파해 버릴 것 같은 긴장감을 주는가 하면, 또 다른 부부는 상대에게 쏠 분노조차도 아깝다는 듯 무관심하다. 나는 이런 부부들을 만나면 마치 짙은 안개 속을 헤매는 것 같은 느낌이다.

한때 나는 결혼을 앞둔 예비 커플을 만나면 '격렬한 의견 교환'인 싸움의 기술을 알려주기도 했다. 그것은 관계가 훼손된 부부들을 만날 때마다 '지혜롭게 싸울 수 있다'는 자신감을 가지고 싸움을 두려워하지 않았으면 어땠을까 하는 아쉬움이 남았기 때문이다. 그러나 싸움이 친밀한 가족 관계를 만들어내는 기초가 되기 위해서는 기억해야 할 몇 가지 사항이 있다.

내 감정을 구체적으로 전달하라

●

많은 사람들은 부정적인 감정은 드러내지 않아야 한다고 생각하여 마음속에 묻어버리려는 경향이 있다. 그런데 해결되지 않고 감춰진 감정은 어떤 식으로든 표현되기 마련이다. 부정적인 감정을 계속 억압하면 내가 통제하지 못하는 형태로 표현되어 오히려 가족으로부터 비난을 받게 된다.

나는 상담에서 만나는 가족들에게 하고 싶은 말은 해도 좋다고 말한다. 풍선이 터지지 않도록 유지하려면 팽팽하게 부풀었을 때 적당히 바람을 빼는 지혜가 필요하다.

물론 가족의 경우라 할지라도 부정적인 감정일수록 안전한 형태로 표현하는 것이 좋다. 여기서 안전한 형태는 상대의 결점이나 나쁜 행위 등을 비난하지 말고 자신의 감정이나 상태, 생각을 언급하는 것을 말한다. 일테면 상담에서 자주 쓰는 '나 전달법(I-message)'을 사용하는 것으로, '당신이 틀렸어요' 대신에 '난 싫어요'라고 말하는 것이다.

자신의 감정을 표현하기 전에 먼저 비난으로 시작하면 상대는 그 순간부터 화가 나서 이후에 하는 이야기에는 귀를 닫아버리고, 방어적으로 변한다. 또 영어와 달리 한국어는 주어를 쓰지 않아도 대화가 가능하기 때문에 말을 하면서 자칫 이게 누구의 감정인지 혼돈되기도 한다. 따라서 감정이 격해지면 의식적으로 '나는…'이라는 주어를 쓰려고 노력하는 것이 좋다. 이것은 자신의 감정이나 인식에 초점을 두면서 '난 속상해요'라는 정보 수준에서의 '나 전달'을 가능하게 한다.

방 청소와 같은 사소한 것 때문에 시작한 싸움이 한 개인의 인격을 비난하는 것으로 점점 고조되는 경우도 많다. 때로는 부부간에 '남자들이란…', '당신네 집안은…'과 같은 남녀의 대결 또는 집안 간의 싸움으로 번지는 경우도 있다. 부모와 자녀와의 관계에서도 '요즘 아이들이란…'이란 말을 해서 세대 간 다툼으로 변질되기도 한다.

어쨌든 마음에 담아두지 않고 표현한 사람의 마음은 다소 풀리겠지만 듣는 사람의 입장에서는 이중, 삼중으로 화가 나기 마련이다. 내가 가진 개성을 무시하고 '한심한 남자', '별 볼 일 없는 집안', '염려되는 요즘 아이들'이라는 범주에 넣어버리는 것도 기분 나쁜데, 하물며 그 범주가 형편없다는 비난을 받게 되면 그 집단의 일원인 자신도 함께 비난받고 있다는 느낌을 받는다. 이렇게 되면 말하는 사람의 의도를 끝까지 들을 여유가 없어진다.

또한 메시지를 일반화하면 받는 사람은 그 메시지를 보내는 사람이 자신을 어떻게 보고 있는지를 명확히 알 수 없다. 아내가 "당신네 집안은…."이라고 말하면 남편은 아내가 불만이 있다는 것은 알지만 그 불쾌감이 자신을 향한 것이라고 느끼지 못한다. 본가의 일부인 자신에 대한 아내의 불쾌감을 이해하지 못한 채 '또 신경질이 시작되었다'는 메시지로 일반화하여 받아들이는 것이다. 이렇게 하여 남편은 아내의 불만의 표적이 자신이었다는 사실을 직면하지 못하게 된다.

'현재', '여기'에 문제의 초점을 맞추라

●

싸움에서 최대의 적은 '언제나'와 같은 과거 지향적인 표현으로 상대를 비난하는 것이다. '항상'이라는 단어는 낡은 상처를 건드리는 아픔도 가지고 있기 때문에 관계 회복을 점점 어렵게 만든다.

과거를 들추는 것은 상대방의 입장에서는 자신이 지금까지, 나름대로 노력했던 것이 무력화되는 순간이기도 하다. 나는 달라지려고 노력했는데 상대는 여전히 같은 눈으로 나를 바라보고 있다는 절망감을 가질 수 있다. 그러므로 어떤 문제에 대한 자신의 감정과 태도에 대해 직접적이고, 명확한 진술을 하는 것이 좋다.

가정생활에서 미해결된 문제나 고민을 '현재', '여기'에 초점을 두고 바라보면 문제가 더욱 명확해져서 지금까지 보이지 않던 많은 것들을 볼 수 있다. 늘 내게 관심을 주지 않는 남편에게 이번에도 '언제나'라고 비난하지 않고, 현재, 여기에 초점을 맞춰본다면 '내가 쓸쓸하다'는 것을 깨닫게 되고 그것을 말로 전달할 수 있다.

이 방식은 자신의 내면의 소리나 감정에 귀를 기울여서 알아차리게 한다. 지금까지 '~을 해야 한다'고 생각해 왔던 것에서 벗어나 '~을 하면 좋겠다'는 여유를 갖게 한다. 어쩌면 모든 것에는 완벽함이 없다는 진리의 깨달음일 수도 있다. 이렇듯 '현재', '여기'는 상대에 대해서 말하는 것이 아니라 상대와 함께 지금 이 순간의 문제에 대해서 말할 수 있도록 돕는 마법의 단어다.

싸움을 외면하지 마라

●

둘이서 이야기를 하다 보면 싸움의 발단이 된 사건과 직접적인 관계가 없는 일로 확대되어 싸움이 옆길로 새기도 한다. 사소했던 문제의 발단은 사라지고 인신공격만 남는다.

때로는 관계가 깨질 것에 대한 불안감 때문에 상대에게 더욱 분노하는 경우도 있다. 그러나 이러한 분노는 불완전 연소 상태이기 때문에 유보 상태에 들어가도 싸움 당사자들의 감정은 완전히 해소되지 않는다. 감정이 해소되지 않으면 서로 말하지 않는 냉전 상태로 발전하기도 한다. 그리고 이렇게 계속되는 냉전에 불편을 느낀 사람이 먼저 백기를 들면서 관계를 회복하려는 사인을 보내면 싸움은 일단락된다. 그러나 이것 역시 종전 선언은 아니다. 백기를 든 사람은 계속 자기만 일방적으로 사인을 보낸다는 불만이 쌓이게 되고, 결국 두 사람의 관계는 점점 소원해진다.

싸움이 시작되면 얼버무리거나 외면하지 말아야 한다. 물론 이때 상대의 관점을 공격하거나 반대로 그의 관점에서 보려고 해서도 안 된다. 대안을 이끌어내기 위해서는 명확하게 자신의 욕구, 감정을 말하는 것이 좋다.

싸움에서 불리해졌을 때 방으로 들어간다든지, 집 밖으로 나가버리는 것은 현명하지 않다. 열심히 시합을 하던 게임의 파트너가 어느 순간 갑자기 링을 내려가버리는 상황을 상상해 보면 홀로 남겨진 가족의 당혹감과 고립감을 이해할 수 있을 것이다. 또한 자신이 만든 싸움을 스스로 파괴해 버리면 다시 링으로 되돌아가는 것이 어렵기 때문에 일단 싸움을 시작했다면 정해진 라운드를 모두 마쳐서 서로가 결과에 승복하도록 노력해야 한다.

협상을 위한 싸움을 하라

●

가족 간의 싸움은 어느 쪽이 이겨도 유쾌하지 않다. 대부분의 싸움은 의사소통 이론에서처럼 내용의 수준에 집중한 나머지 관계의 수준은 취약해지는 경우가 많기 때문이다. 일단 싸움을 시작하면 부정적인 반응이 연쇄적으로 교환된다. 이때 가족들은 자신의 정당성을 부각하는 것에 모든 에너지를 쓰기 때문에 상대의 존재는 멀어지고, 상대의 말 또한 들리지 않는다. 싸움에서 이겼다고 해도 정서 면에서 불편함은 그대로 남는다.

가정에서의 싸움은 제삼자들의 싸움과 달리 언어적 내용에 대해서 서로 첨예하게 대립해도 관계 수준에서는 용인될 수 있는 여지가 있다. 이때 중요한 것은 상대를 완전히 거부하는 것이 아니라는 사인을 보내야 한다는 것이다. '피곤해 보이는데', '그렇게 많이 상처 받았다면서…' 등 관계를 시사하는 말을 하면서 내용에 대한 싸움에 잠시 휴식을 가지는 것도 필요하다.

대화의 내용에 대해서는 합의하지 못해도 상대와 완전히 등을 돌리는 것이 아니라는 것을 알게 되면 싸움은 두 사람의 관계를 보다 친밀하게 만들기도 한다. 이렇듯 가정생활에서의 싸움의 결과는 어느 한쪽이 이기고 어느 한쪽이 지는 양자 구도가 아니다. 따라서 상대방을 이기려 하지 말고 협상하고자 하는 마음을 갖는 것이 중요하다.

우선 대안에 대한 계획을 세우고 각각의 장단점을 검토하자. 완벽한 해결책은 없지만 긍정적인 대안은 항상 있다. 그러나 지나치게 빨리 동의하려고 의식할 필요는 없다. 오히려 각 가족 구성원들이 자신의 요구를 포기하지 않고 맞부딪치는 것이 대안을 창출하는 데 도움이 될 수도 있다.

실제적인 대안을 협상할 때는 상대방을 위협하거나, 요구하거나, 협박하지 말아야 한다. 따라서 자신의 의견과 감정을 분명하게 표현하는 힘을 기를 필요가 있다. 또한 논쟁에서 이기는 것보다 자신들의 욕구가 모두 어우러지는 동의에 이르기 위한 노력이 더 중요하다. 그리고 지나치게 많은 동의를 이끌어내기보다는 한두 가지 정도의 동의에서 시작하는 것이 바람직하다. 대안의 범위를 논의할 때는 '그렇다, 그런데'보다는 '그렇다, 그리고'라는 단어를 사용하는 대화 방법을 통하여 보다 광범위한 대안 목록을 만들어내도록 한다.

더 늦기 전에
손내밀기

사람들은 가족에게 사과할 마음이 없는 것이 아니라
자신의 가족이 언제나 그 자리에 있을 것 같아서 사과할 시간을 놓치는 것뿐이다.

———————

가정이 우리 생활의 원점이며 근원적인 사회 집단이라고 생각하지 않는 사람은 없다. 사실 그곳에는 우리 삶의 모든 것이 농축되어 있어서 개인과 인류, 생과 사, 과거와 미래를 이어주는 역할을 한다. 그리고 우리가 사회생활을 하면서 억눌렸던 욕구를 그대로 드러낼 수 있는 안식처이기도 하다. 이렇게 생각하면 우리는 가정 없이는 한순간도 버틸 수 없다.

가정은 생명의 탯줄, 혹은 공기에 비유되곤 한다. 우리는 미세먼지의 심각함을 직접 경험하기 전까지는 평상시에 공기의 중요성을 깊이 생각하지 않고 지낸다. 맑은 공기는 너무 당연한 존재여서 그것에 대해 별 신경을 쓰지 않고 일상을 살아왔던 것이다. 만약 그 시절에 공기가 우리 생명의 원천이라고 말하면서 매 순간 감사의 마음을 표현하는 사람을 만났다면 오히려 이상함을 느꼈을 것이다. 그러나 황사가 한반도를 휩쓸면서 공기에 대한 사람들의 태도가 달라졌다. 사람들은 화창한 날씨에 맑은 공기를 마시면 "정말 신선한 공기네요. 오늘 같은 날이 얼마나 고마운지 모르겠어요."라고 찬사를 아끼지 않는다.

가족도 공기와 같아서 평소에는 너무 당연한 존재라고 생각하며 의식하지도 않고 산다. 사람들은 당연한 것에는 새삼 감사를 표현하거나 예의를 차려서 사과해야 한다고 생각하지 않는다. 나는 '가족 따윈 필요 없다'고 외치는 청소년들을 만나면 가족이 언제나 곁에 있을 것이라는 안심을 가지고 있는 혜택받은 아이들이구나 하는 생각을 한다. 황사를 경험하면서 공기의 존재가 새삼스럽게 소중하게 느껴진 것처럼, 가족도 물리적이든 심리적이든 상처와 상실을 경험함으로써 비로소 당연한 존재가 아닌 우리가 매 순간 소중히 여겨야하는 존재로 자리매김한다.

요양 병원에 계시던 80대 노모의 죽음 이후 3개월째 일상생활을 제대로 하지 못하는 50대 철호 씨를 만났다. 철호 씨는 병원에서 우울증 진단을 받고 약을 복용 중이었다. 약 덕분에 기분은 좀 좋아졌지만 아내에게 자신의 답답한 마음을 누군가에게 털어내고 싶다고 말하여 상담에 오게 되었다.

가슴속에 가득 찬 이야기를 덜어내고 싶은 마음이 컸던 철호 씨는 상담 첫 시간부터 쉼 없이 말을 이어갔다. 상담 초반에는 대부분 돌아가신 어머니에 대한 안타까움을 담은 이야기가 주를 이뤘다. 나를 만나자마자 그는 '언제나 내 곁에 있을 것'이라고 생각했던 어머니가 '그렇게 빨리, 갑자기, 허망하게' 가실 줄은 몰랐다며 가라앉은 목소리로 말문을 열었다.

나는 요양 병원에 계시던 80대 환자에게는 '언제나 내 곁에 있을 것, 그렇게 빨리, 갑자기, 허망하게'라는 단어들이 썩 어울리지는 않는다고 느꼈다. 어쩌면 철호 씨 역시 언젠가 80대 부모님을 여읜 회사 동료에게 '슬픈 일이지만 여든 살 이상 사셨으니 호상'이라고 위로하지 않았을까? 생각이 거기에 머무르자 80대 노모의 죽음이 철호 씨를 이렇게까지 힘들게 하는 것은 무엇 때문인지 진심으로 알고 싶어졌다.

철호 씨와 이야기를 나누면서 그 감정의 정체는 그가 어머니에게 들려드리고 싶었던 사과와 감사의 뜻을 전하지 못한 아쉬움, 후회, 절망감이라는 것을 알 수 있었다. 이렇게 생각하자 지금까지 다소 어색했다고 생각했던 '언제나 내 곁에 있을 것, 그렇게 빨리, 갑자기, 허망하게'가 지금의 철호 씨가 어머니를 떠올리며 할 수 있는 가장 적합한 단어들이라는 생각이 들었다.

철호 씨는 요양 병원을 방문할 때마다 '이번이 마지막일까? 아니야, 강인한 분이니까 다시 일어설 수 있을 거야'의 두 마음이 교차했다고 한다. 다인실이었던 병실 분위기 때문에 하고 싶은 말을 충분히 표현하지 못한 채 돌아설 때마다 다음에는 산책이라도 하면서 말씀드려야지 하고 다짐했다는 것이다.

이처럼 사람들은 가족에게 표현하고 싶은 감사의 마음, 때로는 건네야 하는 사과를 쉽게 뒤로 미룬다. 아마도 철호 씨처럼 가족은 '항상 그 자리에 있을 테니까, 나중에 하지 뭐'라는 안일한 생각 때문은 아닐까?

철호 씨가 나를 찾은 이유는 어머니에게 하지 못한 이야기를 어떤 식으로든 표현하고 싶어서였을 것이다. "지금 이 자리에 어머님이 계시다면 어떤 이야기를 하고 싶나요?"라고 묻자, 철호 씨는 기다렸다는 듯이 자신은 어머니 덕분에 '사회의 밑바닥'에서 헤어 나올 수 있었다고 말했다. 그리고 젊은 시절 자신의 방황과 부자간의 피 터지는 갈등에 대해 길고 자세하게 설명했다. 그런데 이런 지난날의 이야기는 언제나 '내가 다시 제자리를 찾을 수 있었던 것은 어머니 덕분'이라는 말로 마무리되었다. 지금도 자신이 집을 박차고 나갈 때마다 눈물 흘리며 자신의 뒷모습을 하염없이 지켜보던 어머니의 모습을 지울 수 없다면서 울먹이기도 했다.

상담의 대부분은 철호 씨 자신이 젊은 시절을 후회하고 있으며, 그 생활을 벗어나는 데 어머니가 얼마나 큰 힘이 되었는지 어머니에게 알리지 못한 것에 대한 아쉬움의 토로였다. 때로는 용기가 없었던 자신을 탓하고, 어떤 때는 조금 더 버텨주지 못한 어머니를 원망하기도 했다. 이런 식으로 많은 이야기를 쏟아 낸 철호 씨는 어머니를 생각하면 나를 위해 울던 모습밖에 기억해 낼 수 없다는 사실이 안타깝다고 했다.

　나 역시 이야기를 들으면서 철호 씨가 용기를 내어 미루지 않고 어머니에게 사과와 감사를 표현했다면 '아들아, 너와 함께해서 삶이 너무 행복했단다'라고 말하는 어머니의 온화한 모습을 마음에 담고 있었을 텐데 하는 아쉬움이 남았다. 이런 생각이 들자 마지막 회기에 철호 씨와 무엇을 해야 하는지가 확실해졌다.

　우선 철호 씨가 이 세상에 존재하지 않기 때문에 더 이상 감사와 사과를 할 수 없다고 생각하는 어머니를 상담에 초대했다. 그리고 용기 내어 하고 싶은 감사와 사과를 할 수 있는 기회를 마련해 주었다. 나는 많은 시간과 에너지를 사용해 철호 씨가 사과와 감사를 받아들인 어머니의 모습을 그려낼 수 있도록 도왔다. 철호 씨는 자신의 진심 어린 이야기를 듣고 행복해하는 어머니의 모습을 그려내면서 조금씩 안정을 되찾았다.

사람들은 가족에게 사과할 마음이 없는 것이 아니라 자신의 가족이 언제나 그 자리에 있을 것 같아서 사과할 시간을 놓치는 것뿐이다. 분석심리학의 창시자인 융은 삶의 마지막에서 자신의 일생은 자아실현의 연속이었다고 회상했다. 무의식에 가려진 많은 어두운 부분을 의식화하려고 애쓴 융조차도 완벽한 삶을 경험하지 못한 채 세상을 떠났다. 아무리 노력해도 우리의 삶은 미완성이므로 살면서 누군가에게 사과를 고민하는 순간은 반드시 온다. 사과를 해야 하는 순간이 온다면 내일은 없는 것처럼 바로 그 순간 사과하는 용기를 가질 필요가 있다.

Epilogue

이상적인 가족은 현실에 없다

사람들은 많은 부분에서 이상적인 것이 무엇인지를 찾으려고 한다. 나 역시 상담자로서 첫 출발을 할 때 이상적인 가족의 모습이 무엇인지에 대해 고민을 거듭했다. 1세대 가족 상담자들은 나처럼 자신이 현재 만나고 있는 가족들을 돕기 위해 이상적인 가족의 모습을 찾아 헤매는 초보 상담자들을 위해 그것에 대한 명확한 가이드라인을 제시하기도 했다.

구조적 가족 치료를 창시한 미누친(S. Minuchin)은 우리가 목표로 해야 하는 이상적인 모습은 협력적인 부모와 자녀들끼리도 상호협조를 하며, 부모 자녀 사이에는 명료한 경계가 있는 가족이라고 말했다. 또한 사티어는 각 개인이 자존감을 가지기 위해서는 자신들이 듣고, 보고, 느낀 것을 있는 그대로 말할 수 있도록 차이를 인정하는 이상적인 가정이 필요하다고 주장하기도 했다. 이외에 언급하지 않은 상담자들도 저마다 제시한 이상적인 방법에 접근할 수 있도록 나를 도와주었다.

그 당시에는 내가 이상적인 가족의 틀을 가지고 있는 것이 상담에 큰 도움이 된다고 느꼈다. 내가 만나는 가족들을 이상적인 틀 속으로 이끌기만 하면 되었기 때문이다. 상담의 성과도 좋아서 때로는 꽤 괜찮은 상담자라는 자만에 빠지기도 했다. 만약 가족이 내가 제시한 모습으로 변화하지 않으면 '아직 가족이 변화할 준비가 되지 않았다'고 생각하면서 책임을 그 가족에게 돌리기도 했다. 돌이켜보면 부끄럽지만, 당시에는 내가 이상적이라고 생각하는 가족의 모습이 흔들림 없는 진리라고 생각했기 때문이다.

그런데 어느 날 문득 '내가 옳다고 믿는 것이 전혀 다른 삶을 살아온 내담자에게도 도움이 될까?', '그 사람도 이것이 가치 있다고 믿고 있을까?' 등이 궁금해지기 시작했다. 이런 의문은 내담자인 가족들 앞에서 나를 겸손하게 만들었다.

그 후 나는 '내담자에 대해' 말하는 것이 아니라 '내담자와 함께' 말하게 되었다. 그리고 지금은 만나는 가족들과 매번 다른 이상적인 가족의 모습을 만들어가고 있다.

객관적 사실이 모호해지고 모든 가능성이 수용되는 포스트 모던의 시대에 살고 있는 지금은 이상적인 것에 대한 분명한 그림을 그리는 것이 쉽지 않다. 이것이 이상적인 모습이라고 생각하여 따라가면 어느새 그 기준점이 변하여 또 다른 이상의 모습을 제시하고 있다. 이런 변화에 지친 어떤 가족들은 스스로 이상적 가족 모습 찾기를 포기한 채 대중매체나 사회가 제시하는 이상적인 모습에 급급하면서 가정생활을 이어가기도 한다.

전문가인 내게 자신의 가족이 문제가 있는지를 확인받고 싶어서 상담에 왔다고 말하는 가족들을 만날 때도 있다. 이런 요청을 받으면 나는 가족들의 기대에 즉각적인 답을 할 수 없다는 미안함을 가지고 상담을 이어간다. 상담에서 내가 할 수 있는 것은 전문가로서 정답을 제시하는 것이 아니라, 그들이 스스로 답을 찾도록 도와주는 작업이다. 마치 한 편의 감동적인 영화를 보고 나도 어떻게 하면 저 영화처럼 살 수 있을까를 고민하는 객석의 관객들을 서툴지만 자신의 영화를 직접 만드는 영화 제작자로 변신시키는 것과 같다. 나는 사람들이 자신도 영화를 제작할 수 있다는 것을 알기만 한다면 관객의 입장에 머물러 있기를 원하는 사람은 그다지 많지 않을 것이라고 생각한다.

나는 관객인 내담자를 만날 때보다 제작에 의지가 있는 내담자를 만날 때 보다 생동감을 느낀다. 그들과 어떤 영화를 만들 것인지를 함께 고민할 때 그 가족으로부터 많은 것을 배우게 된다. 따라서 나는 가족들에게 우리도 제작자가 될 수 있다는 자신감을 제공하여 가족들이 그리는 '이상적인 가족'이라는 영화를 만들도록 돕는 역할을 하고 있다.

때로 정답을 알려 달라고 하는 가족들을 만났을 때 내가 당황하는 이유는 상담자 같은 제삼자의 결정이 아닌, 각 가족이 이상적인 가족을 스스로 그려내고 추구하는 것이 정답이라고 생각하기 때문이다. 그리고 만약 가족들에게 이상적인 모습을 제시한다고 해도 과연 그것이 그 가족에게 가장 이상적인가에 대해서는 여전한 의문이 있다. 그것은 단지 우리가 그것을 이상적이라고 보겠다는 결정을 한 것에 불과하다는 생각이 들기 때문이다.

포스트 모던 시대에 살고 있는 우리는 이미 세상에 있는 진리는 발견하는 것이 아니라 만들어가는 것이라는 것을 다양하게 경험하고 있다. 나는 어린 시절 바쁜 부모의 관심을 받을 수 없었기 '때문에' 집 밖에서 많은 시간을 보냈다고 생각해 왔다. 그런데 어머니가 말끝마다 애정을 보였던 막내동생 역시 외로운 어린 시절을 보냈다는 것을 어른이 되어서야 알았다.

어느새 내 생각은 변해서 그 '덕분에' 나는 사람들의 사는 모습을 많이 봤고, 그로 인해 지금의 내가 될 수 있었다고 생각한다. 동생 역시 혼자 지낸 '덕분에' 지금도 하루 종일 집에 있어도 힘들어하지 않고 일과 취미생활을 즐기고 있다. 우리들의 어린 시절이 어땠는지에 대한 분명한 기억을 가지고 있지는 못하지만, 우리가 그 경험을 긍정적 또는 부정적으로 보기로 결정하는 순간 그것은 '그런 사실'이 되어버린다. 나는 앞으로도 내 삶의 많은 결정을 하면서 여러 사실들을 만들어가고 싶다.

'거미' 또는 '마망'이라는 조각으로 유명한 부르조아(L. Bourgeois)는 평생 자신 안의 두려움을 넘어서기 위해 작품을 만들었다고 했다. 그녀는 "당신이 자신의 기억을 향해 가고 있다면 당신은 시간을 낭비하고 있는 것이다. 그러나 만약 당신의 기억들이 당신에게로 오게 한다면 그것들은 무엇인가를 위한 씨앗이 된다."고 말했다.

이 책을 읽은 독자들도 저마다 좋고 나쁜 여러 기억의 파편들을 가지고 있을 것이다. 그저 그런 기억들을 떠올리기만 한다면 생산적이지 않다. '꽃'이라는 시에서 김춘수는 '내가 그의 이름을 불러주기 전에는 그는 하나의 몸짓에 지나지 않았다. 내가 그의 이름을 불러주었을 때 그는 나에게 와서 꽃이 되었다'고 읊고 있다.

삶이라는 직물을 좋은 기억으로만 짤 수는 없다. 직물을 만들려면 날실과 씨실이 필요하듯 나쁜 기억도 필요한 자료이다. 자신의 삶이라는 직물을 짤 때 매 순간 파편화된 좋은 기억, 나쁜 기억들을 어떻게 엮는가에 따라 다른 문형의 타피스트리가 만들어진다. 우리가 '이번에는 무얼 만들까'를 고민하고 '이 순간 이것을 만들기로 결정했어'라고 말할 수 있다면 개인으로서도, 가족의 일원으로서도 꽤 괜찮은 삶을 살아가는 것이 아닐까 생각한다.

가족도 치료가 필요한가요?

1쇄 발행 2021년 6월 23일

지은이 김유숙
발행인 윤을식

책임 편집 박민진
펴낸 곳 도서출판 지식프레임
출판등록 2008년 1월 4일 제2020-000053호
주소 서울시 동대문구 청계천로 505, 206호
전화 (02)521-3172 ㅣ **팩스** (02)6007-1835

이메일 editor@jisikframe.com
홈페이지 http://www.jisikframe.com

ISBN 978-89-94655-97-0 (03180)